SARINA PFAUTH · DEBORA KUDER

DIE KUNST DES NEU ANFANGS

Über den Mut,
andere Wege zu gehen

Inhalt

Ein Anfang

Ein lauer Sommerabend, Lampions in den Zweigen des großen Nussbaums. Die langen Tische sind mit Blumen geschmückt, Kinder rennen barfuß über die Wiese, der Brautvater heißt den Schwiegersohn in der Familie willkommen. Ein kitschig schöner Start in die Ehe. Aber auch einer, in dem ein Schmerz mitschwingt: Denn unter den Gästen ist auch die Familie vom verstorbenen Mann der Braut und dem Vater ihrer drei Söhne.

Als Sebastian, der Mann unserer besten Freundin Mirjam, mit 42 an Krebs starb, waren wir fassungslos. Wir empfanden es als eine Zumutung, dass sich die Welt einfach weiterdreht, obwohl das passiert war. Ein Leben ging zu Ende.

Das von Mirjam und ihren Kindern ging aber weiter, und Mirjam empfindet es noch jetzt als eine große Verantwortung, die Zeit, die ihr auf dieser Welt geschenkt ist, auch zu nutzen und das Leben zu leben, mit allen Höhen und Tiefen. Sebastian hätte so gerne noch weitergelebt – sie darf es.

Nun hat Mirjam wieder geheiratet. Dieses Fest war für uns ein sichtbares Zeichen dafür, dass eine Geschichte weitergehen kann, auch wenn die Situation ausweglos erscheint. Es ist möglich, dass nochmal etwas Neues beginnt. Es ist ein neuer Anfang, aber keiner ohne Geschichte. Denn ein neues

Kapitel im Leben fängt nie ganz neu an. Man bringt immer schon was mit, zumindest sich selbst, seine Geschichte.

In diesem Buch wollen wir über neue Anfänge nachdenken. Hier erzählen Menschen von Umbrüchen und von allem, was damit verbunden ist: vom Mut, den es braucht, von der Angst, die zurückhält, von der Sehnsucht, die zieht. Vom Preis, den sie bereit sind, für Veränderung zu zahlen.

Die Sehnsucht danach, in einem oder vielen Lebensbereichen etwas zu ändern, kennt fast jeder von uns. Und auch die tausend Gründe, die uns daran hindern. Wir wollen in diesem Buch keine Anleitung geben für die nächsten Schritte der Karriereplanung oder die besten Tipps für einen Umzug. Wir wollen Menschen Raum geben, ihre Erfahrungen mit neuen Anfängen hier zu teilen, und hoffen, dass auch Sie, liebe Leser*innen, Inspiration für ihr eigenes Leben daraus schöpfen können. Denn wir glauben: Geschichten haben große Kraft. Weil sie uns auf einer anderen Ebene erreichen können als die Checklisten auf den hinteren Seiten im klassischen Ratgeber. Tipps sind toll. Aber die Komplexität des Lebens können solche Methoden (noch) nicht erfassen. Menschen, Probleme und Lebensgeschichten sind vielschichtig, facettenreich, durcheinander und oft nicht logisch.

Klingt ein Neuanfang nun eher verlockend oder bedrohlich? Für die meisten von uns ist es beides, mit Hang zur einen oder anderen Seite. Ich, Sarina, kann mich noch gut an den ersten positiven Schwangerschaftstest erinnern. Und wie ich dann im Bett lag und dachte: Mein Leben ist vorbei, also das Leben, wie es bis jetzt war. Ein Leben, das ich eigentlich sehr gern mochte. Das Baby war geplant, gewünscht, und Mutter sein, Familie leben, ist bis heute eine überwältigende, glückliche, wunderbare Erfahrung. Aber so wie vorher wurde es tatsächlich nie mehr.

Ich, Debora, dachte immer von mir, dass mir Veränderung und Neuanfänge eigentlich nicht schwerfallen. Trotzdem kündigte ich vor ein paar Jahren erst den Job, als der Leidensdruck so groß wurde, dass es gar nicht mehr anders ging. Warum nicht schon vorher? Warum nicht mutiger, freier, selbstbestimmter? Im Rückblick wundere ich mich selbst über die Zukunftsängste, die mich damals fest im Griff hatten. Über die Tatsache, dass es mir so schwerfiel, das Gewohnte loszulassen und mich auf Ungewissheit einzulassen, obwohl doch schon so viel im Umbruch war. Ich brauchte erst einen gewaltigen Tritt in den Hintern, bevor ich meine Komfortzone freiwillig verließ.

Zum neu Anfangen gehört untrennbar auch das Abschiednehmen. Mehr als der Hälfte der Deutschen fällt es schwer, den Job aufzugeben oder sich aus vergangenen Beziehungen zu lösen[*]. Jeder Dritte findet es sogar schwierig, sich von alten Klamotten zu trennen. Woher weiß man denn überhaupt, ob es Zeit zum Loslassen oder zum Festhalten und Durchhalten ist? Auch das ist Thema dieses Buches.

Wir beleuchten das Thema Neuanfang von allen Seiten, nehmen ungewohnte Perspektiven ein, hören Geschichten von Menschen, die ganz anders sind und ganz anders leben als wir. Manche Texte haben erst auf den zweiten Blick mit

---

[*] Meinungsforschungsinstitut Civey für Spektrum.de, 2021
Warum loslassen so schwer ist. Spektrum der Wissenschaft.
https://www.spektrum.de/news/neuanfaenge-warum-ist-es-so-schwer-loszulassen/
1909009, abgerufen am 19. September 2023.

einem neuen Anfang zu tun, aber sie machen unsere Wahrnehmung, was zu einem Neustart gehört, vollständiger und nehmen Aspekte auf, die sonst vielleicht unter den Tisch fallen.

Zunächst fragen wir uns aber, wo überhaupt das Problem liegt. Denn jeder von uns ist eigentlich ganz geübt in neuen Anfängen. Anfangen und enden, so schreibt der Philosoph Romano Guardini, seien Grundkräfte, aus denen das Leben hervorgehe und von denen es grundgängig geprägt sei. »Aufwachen: etwas beginnt. Mit jedem Erwachen beginnt etwas Neues. Ein Tag, der noch nie war. Der war noch nie und wird nie wiederkommen. Ist anders als alle anderen und durch keinen zu ersetzen. Die Kraft des Beginnens ist wirksam geworden. Ein Anfang hat sich vollzogen.« Das Leben, so Guardini, ist immerfort gegliedert durch neue Anfänge.

Und doch fühlt es sich nicht immer so an. Der Alltag fühlt sich manchmal zäh und gleichförmig an, und Verantwortungen, äußere und innere Zwänge und Gegebenheiten halten uns in einer Position fest wie ein Spinnennetz die Fliege. Wie kommt man da wieder raus?

Der spanische Lyriker Antonio Machado dichtete Anfang des 20. Jahrhunderts: »Caminante, no hay camino, se hace camino al andar.« Wanderer, es gibt keinen Weg, der Weg entsteht im Gehen. Darüber, ob diese Sichtweise stimmt, gibt es unterschiedliche Meinungen. Der Benediktinermönch Anselm Grün stellt mit Blick auf seine Beratungsgespräche eher fest, dass es nicht allein genügt, sich in irgendeine Richtung zu bewegen. »Immer mehr Menschen leiden an einer (…) Orientierungslosigkeit. Sie sind auf einem Weg. Aber sie wissen gar nicht, ob sie ihn wirklich gehen möchten.« So, wie es ist, funktioniert es nicht mehr, aber wie dann? Diese

Frage kennen tatsächlich viele von uns. Grüns Empfehlung ist, nach dem Sinn des eigenen Lebens zu suchen und dadurch ein Ziel zu finden, wo die Reise hingehen soll. Dieser Sinn besteht seiner Auffassung nach darin, »dass ich das einmalige Leben, das Gott mir geschenkt hat, auch lebe, dass ich meine persönliche Lebensspur in die Welt eingrabe«. Es gehe dabei nicht in erster Linie um Leistung, sondern um Stimmigkeit.

Nun, auch das hört sich nach einer Weisheit an, die gar nicht so einfach umzusetzen ist. Wie um alles in der Welt findet man ein Leben, das sich stimmig anfühlt? Ein uneingeschränkt funktionierendes Rezept dafür gibt es wohl nicht, aber in diesem Buch erzählen Menschen, wie sie ihren Lebensweg gefunden haben oder ihm zumindest nähergekommen sind.

Mit manchen Geschichten können wir spontan etwas anfangen. Bei anderen merken wir: Diese Art zu denken ist uns fremd und geht uns vielleicht sogar gegen den Strich. Aber genau darin liegt für uns die Schönheit der Geschichten. Denn vielleicht finden wir gerade in der Andersartigkeit Dinge anzugehen einen Ansatz, der uns persönlich weiterbringt.

Für einige unserer Gesprächspartner*innen spielt der christliche Glaube eine wichtige Rolle. Vielleicht ist Ihnen das eher fremd. Wir hoffen, dass Sie dem Glauben der anderen dennoch mit Neugier begegnen. Dass greifbar wird, wie der Bezug auf Gott einigen unserer Gesprächspartner*innen Halt und eine Orientierung im Leben gibt und Mut, um etwas Neues zu wagen. Andere bringen diese Kraft zum Neubeginn aus sich selbst heraus auf oder haben andere Bezüge. Nach solchen inneren Quellen wollen wir suchen.

Dieses Buch macht Lust darauf, das Leben in die Hand zu nehmen, um neue Freiheit zu gewinnen. Noch etwas zu erwarten und wieder zu träumen. Wir würden uns freuen, wenn Sie sich mit uns auf die Suche machen und am Ende eine Idee davon haben, wie Neues in Ihrem Leben wachsen könnte.

Sarina Pfauth & Debora Kuder

Wie es ist, weit weg
ein neues Leben aufzubauen

Morgens halb neun auf Big Island. Markus Stolz sitzt entspannt auf dem Sofa. Die Kinder sind in der Schule, im Hintergrund arbeitet seine Frau Marie, eine Katze schleicht ab und zu durch den Raum. Es ist ein ruhiger Morgen. Nur eine Mücke nervt zwischendurch. »Warte mal«, sagt Markus, und klatscht entschlossen auf seinen Arm. Erwischt. So schwer war es aber auch nicht: »Die Mücken sind ein bisschen träge, wie alle hier«, schmunzelt er.

Knapp fünf Jahre ist es her, seit Markus mit seiner Frau und ihren drei Kindern nach Hawaii ausgewandert ist. Türkises Meer, warmer Regen, Ukulelen und Blumenketten – Hawaii weckt sofort positive Emotionen. Aber während ein Leben unter Palmen für die allermeisten nur ein Wunschtraum bleibt, hat Markus Stolz Nägel mit Köpfen gemacht. Wie wurde aus einer verrückten Idee ein konkreter Plan? Und hat sich alles gelohnt? Markus blickt zurück.

November 2017

Es ist ein kalter Tag in München. Ich sitze mit dem Laptop auf dem Bett und möchte mich ein bisschen aufwärmen. Palmen, Sonne, Strand. Schöne, warme Bilder. Ich suche nach Häusern auf Hawaii. Meine Frau Marie und ich haben dort unsere Flitterwochen verbracht. Hawaii ist schon lange ein Sehnsuchtsort für mich: Ich bin in Japan geboren und aufgewachsen. Hawaii ist für viele Japaner ein beliebtes Urlaubsziel. Ich stelle zunächst fest, dass die einfachsten Hütten auf Hawaii im Verhältnis zu Deutschland recht günstig sind. Danach sehe ich mir die teuersten Grundstücke an. Ich spiele ein bisschen mit den Suchfiltern hin und her, und auf einmal ist die Frage ganz real: Wie wäre es eigentlich, auf Hawaii zu wohnen? Ich spreche mit Marie darüber. Erstaunlicherweise ermutigt sie mich dazu, weiterzugehen und zu prüfen, ob die Idee überhaupt realisierbar wäre.

Jahrelang war ich als Manager in der Automobilindustrie tätig. Dann haben wir drei Kinder bekommen – erst eine Tochter und ein Jahr und drei Monate später Zwillinge. In der Baby- und Kleinkindphase haben wir uns mit einem Online-Delikatessenhandel selbstständig gemacht. Wir wohnen in einer Eigentumswohnung mit Blick über München, die sich einigermaßen lukrativ verkaufen lassen dürfte. Nächstes Jahr kommt unsere Tochter in die Grundschule. Wenn Ortswechsel und Veränderung, dann jetzt, denke ich.

Ich habe ein Objekt auf der Hügelseite von Big Island entdeckt, das mich begeistert. Haus, Grundstück mit Palmen und tropischen Pflanzen, Pool, Gewächshaus. Die Immobilien im Süden der Insel sind zwar oft um die Hälfte günstiger, aber inzwischen weiß ich, wo die Gefahrenzonen auf der Insel liegen. Deswegen habe ich mich bald auf den Norden der Insel eingeschossen, wo seit fünftausend Jahren keine Lava mehr geflossen ist.

Dezember 2017

Vor zwei Wochen habe ich im Internet spontan nach Deutschen auf Big Island gesucht. Dabei habe ich nur einen Treffer erzielt. Ein Immobilienmakler. Vor ein paar Tagen musste ich nochmal an ihn denken. Ich frage mich, ob das ein Impuls von Gott gewesen sein könnte. Also mailte ich ihn an. Eine Stunde später schrieb er mir zurück, er sei gerade in München. Heute haben wir uns getroffen. Es war ein schöner, persönlicher Austausch: Er und seine Frau sind wie wir Eltern von Zwillingen. Und er hat mir einige wichtige Informationen weitergegeben. Zum Beispiel, dass in den USA meistens sowohl Käufer als auch Verkäufer einen Makler haben. Bezahlt werden die aber vom Verkäufer. Er ist ab sofort mein Makler und wird die Preisverhandlungen für mich in Gang setzen.

Parallel beschäftige ich mich mit dem Thema Visum. Man kann ja nicht einfach so in die USA einwandern. Vor allem dann nicht, wenn man – wie wir – nicht von einem Unternehmen dafür rekrutiert wird. Der einzige Weg für uns ist ein Investorenvisum. Zunächst geht es darum, sich selbst finanzieren zu können. Als Nächstes wäre es sinnvoll, ein paar Arbeitsplätze zu schaffen. Wir brauchen also eine Geschäftsidee.

Es dauert nicht lange, bis sie mir einfällt: Hawaiianischer Baumkuchen. Baumkuchen kenne ich aus Japan. Nachdem er vor etwa hundert Jahren durch einen deutschen Konditor dorthin kam, ist er mittlerweile eine der beliebtesten Gebäcksorten in Japan. Es gibt ihn in den verschiedensten Geschmacksrichtungen, und er ist auch ein wunderbares Mitbringsel. Weich, saftig und weniger süß als der deutsche Baumkuchen schmeckt er.

Meine Geschäftsidee ist relativ simpel: Nach Hawaii kommen viele japanische Touristen. Japaner lieben Baumkuchen. Und wenn wir es schaffen, einen hawaiianischen Baumkuchen auf japanische Art zu machen und es keine entsprechende Konkurrenz gibt, wird das ein Knaller. Ich bin mir sicher, dass das funktionieren kann. Natürlich ist so ein Schritt mit einem hohen Risiko verbunden. Man kann viel verlieren und viel gewinnen, wie immer. Viele Geschäftsideen erübrigen sich ja schon auf halbem Weg. Aber von dieser Sache bin ich überzeugt.

Januar 2018

In den vergangenen Tagen haben sich neue Türen geöffnet. Bekannte von uns können sich vorstellen, uns bei der Verwaltung unseres bisherigen Online-Handels zu unterstützen. Das macht uns Mut, in Richtung Hawaii weiterzudenken. Und der Immobilienmakler hat sich vor Ort ein Bild machen können: Grundstück und Haus sind in ziemlich gutem Zustand. Genau so, wie es auf den Fotos aussieht. Auch das ermutigt uns dazu, die nächsten Schritte zu gehen.

März 2018

Mittlerweile haben wir einigen Freunden und Verwandten von der Idee auszuwandern erzählt. Dass wir konkret über eine so radikale Veränderung unseres Lebens nachdenken, kommt nicht bei allen gut an. Wir wundern uns, wie drastisch einige auf unsere Überlegung reagieren. Einige Bekannte hätten wir ganz anders eingeschätzt. Wir stellen fest, wie schwierig es für manche ist, Veränderung zuzulassen – selbst wenn es nur ihr Gegenüber betrifft. Aber wahrscheinlich sind solche Reaktionen normal, wenn jemand etwas Neues, Verrücktes anfangen möchte. Natürlich kann unsere Entscheidung auch Nachteile mit sich bringen. Ich sehe aber auch viele Vorteile. Unsere Kinder werden ohne Englischkenntnisse direkt ins kalte Wasser geworfen werden, aber wir glauben, dass sie das gut schaffen. Und egal, wie schlecht ihre Schule auf Hawaii wäre, sie würden auf jeden Fall eine neue Fremdsprache lernen und nach einer Weile fließend Englisch können. Es kann also nicht viel schiefgehen, finde ich.

April 2018

Seit Wochen leben wir so, als ob wir unsere Zelte in Deutschland abbrechen würden, ohne zu wissen, ob es dazu kommen wird. Denn noch wissen wir nicht, ob wir ein Visum erhalten. Der Antrag läuft, und wir warten auf eine Einladung zum Interview im US-Konsulat in Frankfurt. Wir haben den Antrag ohne Hilfe eines Anwalts gestellt. Haben wir alles richtig gemacht?

Alle Pässe sind bereit, wir misten grundlegend aus und erstellen Listen, was wir bei einem Umzug nach Hawaii nicht mitnehmen würden: elektrische Geräte, unser großes Sofa, Skier. Unser Gebet ist, dass Gott uns durch die Entscheidung des Konsulats seinen Willen für unsere Zukunft zeigt.

Anfang Juni 2018

Jetzt müssen wir das auf Hawaii gefundene Grundstück mit Haus endgültig kaufen oder absagen. Alle Fristen sind abgelaufen. Wir haben Angst. Was, wenn wir ein Haus auf Hawaii haben und kein Visum dazu? Wir kaufen. Damit ist all unsere finanzielle Liquidität verschwunden. Ab jetzt ist es für uns mehr als eilig, unsere Wohnung in München zu verkaufen, und zwar zu einem möglichst guten Preis. Wir verbringen ein Wochenende mit unserer Kirchengemeinde und beschäftigen uns mit dem Gebet des Jabez: »Segne mich und erweitere mein Gebiet!«, heißt es darin. Das Gebet ermutigt uns, hoffnungsvoll weiterzugehen.

Ende Juni 2018

Wir bekommen das beantragte Visum und atmen auf. Jetzt müssen wir uns beeilen. Unser Wunsch ist es, zum Schulbeginn Anfang August in unserem neuen Haus zu wohnen. Damit unsere Kinder nicht mitten im Schuljahr zu ihren Klassen dazustoßen müssen, sondern von Anfang an dabei sind.

Ende Juli 2018

Über England, Island und Los Angeles sind wir auf Big Island angekommen. Uns war wichtig, noch bei Tageslicht in unserem neuen Zuhause einzutreffen. Grundstück und Haus sind wunderschön, aber hier scheint eine Weile nicht mehr geputzt worden zu sein. Im Haus finden wir Dreck und Ungeziefer. Nachdem wir bereits unsere Wohnung in München grundgereinigt hatten, bleibt uns das leider auch hier nicht erspart. Die Vorbesitzer haben einige Möbel und Utensilien im Haus zurückgelassen. Ich hatte darum gebeten, dass beim Verkauf alles drinbleibt, damit wir für die ersten Wochen, bis unsere Möbel auf dem Schiffsweg bei uns ankommen, schon ein paar Einrichtungsgegenstände und Inventar zur Verfügung haben. Segen und Fluch gleichzeitig. Wir empfinden vieles von dem, was im Haus ist, als ekelhaft. Aber eine wunderbar funktionsfähige Waschmaschine ist da. Als Erstes putzen wir das Schlafzimmer, und unsere Kinder schlafen zu dritt im großen Bett, bis ihre eigenen Betten Wochen später bei uns ankommen.

In den ersten Tagen haben wir viel Organisatorisches zu regeln. Eine Woche nach unserer Ankunft fängt für die Kinder der Alltag an: Unsere Tochter kommt in die erste Klasse, und die Zwillinge gehen in die Vorschule. Wir alle werden sehr gut aufgenommen, knüpfen erste Kontakte mit den Nachbarn und erleben, dass der Aloha-Spirit unter den Einheimischen wirklich lebendig ist, und freuen uns, dass unsere Kinder in so einem schönen Umfeld aufwachsen können.

August 2018

Der August ist für uns eine ziemliche Herausforderung. Gleich zu Anfang erleben wir zwei kleinere Erdbeben, gefolgt von einem heftigen Gewitter und ein paar Tage später einem tropischen Jahrhundert-Wirbelsturm namens »Lane«: Innerhalb von ein paar Tagen kommt etwa ein Meter vierzig an Niederschlag pro Quadratmeter herunter. Das ist weit mehr als die gesamte Jahresmenge an Regen in München. Straßen sind wegen Erdrutschen und Überschwemmungen gesperrt, Häuser sind überflutet, alle Schulen geschlossen – absoluter Ausnahmezustand. Wir sitzen hier mit feuchten Wänden und haben Angst, dass unser Haus auch abrutschen könnte, während in Deutschland richtig tolles Wetter ist. Das ist einer der Willkommensgrüße, bei denen wir uns fragen, wo wir hier eigentlich gelandet sind.

In der zweiten Woche komme ich gleich zweimal mit einem allergischen Schock in die Notaufnahme. Beide Male passierte es nach einem Rundgang durchs Unterholz unseres Grundstücks. Wir sind unsicher: Gibt es hier vielleicht Pflanzen, auf die ich so heftig reagiere? Sind wir in einem Umfeld gelandet, das mein Körper gar nicht verträgt? Erst später wird uns klar, dass ich allergisch auf das Mückenschutzmittel reagiere.

Die ersten Wochen laufen also nicht so paradiesisch, wie wir uns das vorgestellt hatten. Apropos paradiesisch: Noch in München hatten wir eine Firma für Salzhandel erworben – Paradise Sea Salt. Hawaiianisches Gewürzsalz mit verschiedenen Geschmacksrichtungen. Damit fangen wir an.

September 2018

Die Jungs haben sich prima in der Vorschule eingelebt. Und unsere Tochter kommt sehr gut in der Schule klar, aber manchmal fühlt sie sich überfordert. Dann möchte sie nicht zur Schule gehen. Dabei wissen wir, wie leicht ihr die Schule in Deutschland gefallen wäre. Gleichzeitig merken wir, dass sie jetzt schon super mitkommt und vermutlich in wenigen Monaten über den Berg sein wird. Bis dahin unterstützen wir sie, so gut wir können.

Anfang Oktober 2018

Nach zehn Wochen kommt endlich der Container mit unseren Möbeln an! Wir freuen uns, alle wieder in einem richtigen Bett schlafen zu können. Allein der Anblick des gefüllten Besteckkastens löst bei Marie Glücksgefühle aus. Etwas Gutes hatte die Verzögerung aber auch: In der letzten Zeit haben wir viel dazugelernt, wie wir in diesem feuchten Klima am besten Dinge lagern können. Medikamente einfach in der Schublade zu lagern, geht zum Beispiel gar nicht – ein Paradies für Kakerlaken! Papier in Bodenhöhe wird wellig und muss weiter oben verstaut werden. Auch die anfangs geplante Zimmerverteilung haben wir nochmal verändert.

Mit der Baumkuchenproduktion können wir noch nicht loslegen. Dafür müssen wir zuerst die Garage zu einer Bäckerei umfunktionieren. Aber um eine Gewerbeküche in Betrieb nehmen zu können, sind viele Genehmigungen nötig. Daran arbeiten wir. Außerdem sind wir finanziell noch nicht in der Lage, die Garage umzubauen, da unsere Wohnung in München noch nicht verkauft ist.

Januar 2019

Wir sind finanziell am Ersticken. Ein paar Zahlungen hatten wir auf den Januar geschoben, und unsere Wohnung in München ist immer noch nicht verkauft. Das hatten wir so nicht geplant. Jetzt steht eine Steuernachzahlung an sowie aufgeschobene Zinszahlungen. Wo es möglich ist, schieben wir Zahlungen weiter auf, außerdem kündigen wir eine Lebensversicherung. Mein Onkel kommt zu Besuch. Er hört von unserer finanziellen Notlage und leiht uns zinslos den Betrag, den wir zusätzlich brauchen. Wir hangeln uns von Monat zu Monat. Wir besitzen sozusagen zwei Schlösser, aber können kaum unser täglich Brot bezahlen.

September 2019

Inzwischen sind wir seit über einem Jahr auf Big Island und merken, wie viel leichter uns das zweite Jahr fällt. Die gleichen Blumen, die bei unserer Ankunft geblüht haben, blühen auch jetzt wieder. Die Schule geht wieder los, und den Schulanfang unserer Jungs, selbstverständlich mit selbst gebastelten Schultüten, empfinden wir im Vergleich zum Kaltstart im vergangenen Jahr als Klacks. Vieles, was letztes Jahr richtig ungemütlich war – Regen, Mücken, Spinnen –, gibt es dieses Jahr wesentlich weniger. Wir fragen uns, ob wir am Anfang wirklich erschwerte Umstände hatten oder ob wir die Dinge jetzt nur anders wahrnehmen.

Die Wohnung in München ist endlich verkauft. Es war viel mühsamer, als wir es uns vorgestellt hatten, und finanziell ist auch nicht so viel übrig geblieben, wie wir gehofft hatten. Hätten wir das gewusst, hätten wir den Umzug nach Hawaii nie gewagt. Glücklicherweise wussten wir es aber nicht, und so sind wir nun in Hawaii, und das Geld vom Verkauf hat genau gereicht, um alle unsere Schulden und den Bau der Gewerbeküche zu bezahlen und eine Baumkuchenmaschine zu kaufen. Eine sehr schwere Last fällt von unseren Schultern. »Dein Wille geschehe« ist ein Gebet, das wir in den vergangenen Monaten oft gesprochen haben.

Februar 2020

Unser Jahr fing mit vielen Aufträgen, neuen Kontakten und Besuchen von Freunden und Verwandten an. Diese Woche erhielten wir die Genehmigung dafür, eine Gewerbeküche in unserer Garage einbauen zu können. Dafür sind wir sehr dankbar. Die Baumkuchenmaschine wird in zwei Wochen von Japan aus verschifft. All das sind wichtige Schritte, um unseren Businessplan verwirklichen zu können. Marie träumt davon, auf unserem Grundstück ein kleines Wochenend-Café zu betreiben. Und wir fragen uns, ob wir schon in ein paar Monaten Baumkuchen verkaufen werden. Unser Grundgefühl hat sich in den anderthalb Jahren, die wir auf Hawaii leben, verändert. Wir freuen uns darüber, endlich wieder stabiler durchs Leben zu gehen.

April 2020

Anfang März feiern wir den siebten Geburtstag unserer Zwillinge mit Freunden und Nachbarn. Und kurz darauf ist mit einem Schlag alles anders: Hawaii hat als erster Staat der USA den Lockdown verordnet. Für uns bedeutet das: keine

Besuche und vor allem keine Bestellungen mehr. Unsere Gewürzsalze werden ja hauptsächlich von Touristen als Mitbringsel gekauft. Aber die werden für die nächsten Monate ausbleiben: Hotels bleiben zu, öffentliche Orte und sogar Strände sind gesperrt, Homeschooling, Maskenpflicht. Die harten Maßnahmen hängen auch mit der hawaiianischen Kultur zusammen, in der der Schutz der Familie einen besonderen Stellenwert hat. Und sie stehen im Zusammenhang mit der traumatischen Vergangenheit der Ureinwohner Hawaiis: Fast 90 Prozent von ihnen starben mit der Ankunft europäischer Einwanderer an eingeschleppten Krankheiten. Dadurch ist man bis heute besonders vorsichtig. Anfangs sind wir noch ruhig und abwartend. Aber inzwischen beunruhigt uns die Frage, wie und ob wir jemals wieder Geld mit unserer Geschäftsidee verdienen werden.

Mai 2020

»In Hawaii finden die Katzen dich und nicht du sie!« Diese Worte unseres Nachbarn erfüllen sich für uns nach zwei Jahren. Die Katzen Samson und Delila gehörten eigentlich einer älteren Dame, die krankheitsbedingt aufs Festland umziehen musste. Anfangs haben sich noch Verwandte um sie gekümmert, dann fanden sie den Weg auf unser Grundstück. Schließlich fragte Marie, ob sie bei uns bleiben dürfen. Seitdem gehören sie zu uns und werden von unseren Kindern heiß geliebt.

Mitten in den Lockdown hinein haben wir noch ein weiteres Geschenk bekommen: Glasfaser-Internet – dank eines Projekts zur Förderung ländlicher Regionen. Seitdem ist unser Internet zuverlässig, stabil und kostet auch noch weniger. Dafür sind wir sehr dankbar. Der Distanzunterricht wäre sonst schwer möglich und unbezahlbar für uns gewesen.

Oktober 2020

In den Sommerferien wollten wir eigentlich nach Deutschland fliegen. Stattdessen besichtigten wir einige Highlights von Big Island – ohne den üblichen Touristenansturm. Die letzten Monate haben wir dazu genutzt, unsere ersten Baumkuchen zu backen. Weder Marie noch ich haben eine Bäcker- oder Konditoren-Ausbildung. Aber wir wissen, wie unser Baumkuchen schmecken soll. Es macht viel Spaß, unsere eigene Rezeptur zu entwickeln. Natürlich hängt die Menge der Zutaten auch davon ab, wie das Klima vor Ort ist. Das bedeutet viele Extra-Schleifen für uns, bis wir Ergebnisse haben, mit denen wir wirklich zufrieden sind.

Für die Baumkuchenproduktion werden mehrere Walzen mit Stielen, die sich um die eigene Achse drehen, abwechselnd in den Teig getaucht und dann Schicht für Schicht gebacken. Wir lösen die Rollen anschließend vorsichtig vom Stiel, schneiden den Kuchen in Scheiben und verpacken ihn. So ist er monatelang haltbar.

Mit seinen perfekten Jahresringen symbolisiert der Baumkuchen in Japan Harmonie und Wohlstand für das kommende Jahr. Davon träumen wir alle. In der Realität sieht es anders aus. Da hat unser Leben, wie bei einem echten Baum, unregelmäßige Jahresringe: Die aus den guten Jahren sind breit, die aus den schwierigen Zeiten schmal und verkümmert. In den vergangenen Jahren haben wir verstanden, wie wichtig es ist, zu unseren Wurzeln und unserer Mitte zurückzukommen. Zu wissen, dass Gott uns geschaffen hat und uns liebt.

Dezember 2020
Seit Thanksgiving öffnen die großen Hotels langsam wieder. Außerdem ziehen momentan wieder mehr Leute auf die Insel, die von Hawaii aus im Homeoffice arbeiten möchten. Diese Entwicklungen machen uns Hoffnung.

Frühjahr 2021
Aus der Dauerbaustelle, die unsere Garage in den vergangenen Wochen war, ist nun das Herzstück unserer Firma geworden: Hier produzieren wir das Gewürzsalz, backen Baumkuchen, verpacken und lagern ihn. Vier Sorten mit typisch hawaiianischen Zutaten produzieren wir mittlerweile: Mango, Hawaiianischer Kaffee, Macadamia und Ananas. Inzwischen haben wir zwei Mitarbeiterinnen in Teilzeit angestellt, die uns in der Küche, beim Verpacken und bei der Auslieferung unterstützen, weil unser Geschäft wächst.

Außerdem haben wir damit begonnen, auf regionalen Wochenmärkten zu verkaufen. Das ist harte Arbeit. Und trotzdem empfinde ich dabei viel mehr Wertschätzung im Vergleich zu meiner früheren Karriere. Wir haben in unser Produkt so viel Herzblut gesteckt. Und wenn ich auf dem Markt einen Kuchen präsentiere, den ich selbst hergestellt habe und der die Leute total begeistert, ist das für mich emotional etwas ganz anderes, als im Büro Excel-Sheets auszufüllen.

Wir bekommen wahnsinnig viel positives Feedback. Es gibt Menschen, die solche Baumkuchen-Fans sind, dass sie richtig ausflippen, wenn sie uns entdecken. Und dann gibt es diejenigen, die von unserer Geschichte inspiriert sind. Manchmal hängt die Begeisterung auch damit zusammen, dass wir Deutsche sind: Wir treffen hier viele Amerikaner mit deutschen Wurzeln oder solche, die als Soldaten, Austauschschüler oder Studierende in Deutschland waren. Viele sind dann so positiv eingestellt, dass sie gleich unseren Kuchen kaufen. Wir profitieren also davon, dass Menschen Deutschland mit extrem positiven Emotionen verbinden. Dazu haben wir nichts beigetragen, aber es hilft uns, und wir sind sehr dankbar dafür.

Juli 2021

Unser erster Besuch in Deutschland nach drei Jahren. Natürlich war auch die Pandemie ein Grund dafür, dass wir nicht schon früher zurückgekommen sind. Die Reise ist mit fünf Personen aber auch unglaublich teuer. Wir konnten einige Freunde und einen Teil unserer Familie wiedersehen.

Marie würde gern deutlich öfter nach Deutschland kommen als ich. Dass ich nicht so sehr auf Deutschland als Heimat fixiert bin, hängt auch damit zusammen, dass ich, bis ich 18 Jahre alt war, vorwiegend in Japan gelebt habe. Erst zum Studieren bin ich von Japan nach Deutschland gezogen. Prinzipiell habe ich nichts dagegen, ab und zu dort zu sein. Aber wenn ich schon so lange unterwegs bin und Zwischenlandungen an interessanten Orten habe, will ich eigentlich viel lieber diese Städte besichtigen, als zwei Wochen lang

Verwandtenbesuche zu machen und in engen Wohnzimmern zu sitzen.

Mittlerweile haben uns schon einige Freunde und Verwandte auf Hawaii besucht. Sie wohnen im Gästehaus auf unserem Grundstück. Darunter ist auch der eine oder andere, der uns anfangs noch für verrückt erklärt hat.

Dezember 2021

Auf unserem Grundstück haben wir dieses Jahr schon viel Schönes erlebt. Wir haben im offenen Pavillon mit den Nachbarn zusammen in der Bibel gelesen und mit Bekannten und Freunden zu Abend gegessen. Außerdem spielen die Kinder dort mit ihren Freunden oft »Voice of Germany«. Diese Weihnachten veranstalten wir darin nach einem Jahr Corona-Pause wieder ein großes Weihnachtssingen mit gemeinsamem Suppe-Essen und Vorführungen der Kinder.

Uns ist es wichtig, unseren Kindern Offenheit und Neugier zu vermitteln. Sie erleben durch die vielen Gäste bei uns, dass wir uns nicht nur um unsere Kernfamilie drehen. Und sie verstehen, dass ihre Welt nicht die einzige Welt ist. Dazu gehört auch die Erfahrung, selbst irgendwo fremd zu sein. Klar kann man das auch erleben, wenn man von Nord- nach Süddeutschland zieht. Aber mit unserem Neuanfang auf Hawaii ist es besonders leicht, ihnen zu zeigen, wie riesig und vielfältig unsere Welt ist. Und dass diese gigantische Vielfalt auch Gottes Schöpfung ist.

Seit einiger Zeit veranstalten wir regelmäßig Farmtouren für Touristen, die unsere Baumkuchenproduktion besichtigen und Zeit auf unserem Grundstück verbringen, wo Vanille-

und Kakaobohnenpflanzen sowie viele Früchte wachsen. Ende des Jahres haben wir als neue Veranstaltung ein gemeinsames Backen angeboten. Baumkuchen ist zu kompliziert, stattdessen backen wir mit Gästen zusammen Baumstriezel am offenen Feuer. Der Baumstriezel wird mit Butter und Zimtzucker überzogen, und nach dem Backen können die Gäste ihn direkt warm essen. Dazu gibt es eine kalte Schokoladensauce als Dip. Das kommt so gut an, dass wir beschließen, eine neue Tradition daraus zu machen.

Frühjahr 2022

Durch unser Geschäft kommen wir mit sehr vielen Menschen in Kontakt. Egal, ob das auf dem Wochenmarkt ist, in unserem Café oder bei den Farmtouren – überall haben wir Begegnungen. Oft bleibt es beim Small Talk, aber immer wieder haben wir auch längere, intensivere Gespräche. Die meisten Menschen fühlen sich bei uns sehr wohl und behalten einen Besuch auf unserer Farm als schöne Erinnerung. Allein das ist es uns schon wert. Hier auf Hawaii habe ich das Gefühl, hundertprozentig am richtigen Ort zur richtigen Zeit zu sein. Das hatte ich so vorher noch nie erlebt.

Dezember 2022

Ende November ist der Vulkan Mauna Loa zum ersten Mal nach vierzig Jahren wieder ausgebrochen. Wir sind froh darüber, dass es nur beeindruckend anzusehen war und eigentlich nichts zerstört hat. Inzwischen hat die Lava auf zweitausend Metern aufgehört zu fließen. Wir sind dankbar für dieses Jahr, in dem so vieles fertig wurde und gelungen ist. Zum Beispiel haben wir unser Gästehaus vergrößert. Und Maries Traum haben wir auch umgesetzt: Es gibt für Gäste Kaffee und deutsch-hawaiianische Kreationen wie Drachenfrucht- oder Macadamia-Schokoladentorte.

April 2023

Die Verlängerung unserer Aufenthaltsgenehmigung steht an, was uns sehr beschäftigt. Außerdem möchten wir natürlich die Firma weiterentwickeln. Wir wünschen uns, dass sie in den nächsten Jahren auf deutlich sichereren Beinen stehen wird. Ob wir dauerhaft auf Hawaii bleiben können, wissen wir nicht. Das hängt auch vom Erfolg unseres Unternehmens ab. Finanziell läuft es noch nicht so sensationell, wie wir es uns wünschen würden. Wir mogeln uns von einem Monat zum nächsten. Der Tourismus aus Japan ist noch immer nicht so stark wie vor Corona. Und den Touristen sitzt das Geld inzwischen nicht mehr so locker wie noch vor einigen Monaten.

Da wir mittlerweile zwei Angestellte haben, haben wir einen Mindestumsatz berechnet, den wir erreichen müssen. Ein paarmal hintereinander sind wir kurz vor Monatsende in Sorge, ob wir unser Ziel erreichen werden. Aber jedes Mal kamen an den letzten ein, zwei Tagen nochmal so viele größere Bestellungen hinzu, dass es gerade reicht. Für uns sind das echte Erlebnisse mit Gott.

Leider liegen wir dabei nicht so weit über dem Umsatzziel, dass wir uns emotional zurücklehnen könnten. Es reicht gerade so. Und wir wissen, dass wir es im nächsten Monat wieder schaffen müssen, weil es sonst eng wird. Das ist natürlich stressig, gehört aber zum Leben und zur Selbstständigkeit dazu.

Für uns bedeutet unser derzeitiges Leben auch, uns noch mehr auf Gottes Gnade und nicht auf fiktive Sicherheiten zu verlassen. Natürlich ist es bequemer, angestellt zu sein. Neben der Freiheit, die ich hier erlebe, trage ich viel mehr Verantwortung als vorher. Aber natürlich kann auch ein großes Unternehmen kaputtgehen. Unsere Welt ist nicht stabil.

Juni 2023

Unser neues Leben auf Hawaii hat aus einer Langeweile heraus begonnen. Auf dem Weg, den wir bisher gegangen sind, haben wir uns immer wieder gefragt: Was könnte Gottes Wille sein? Für uns war das eine wichtige Fragestellung. Wir haben uns entschieden, offen zu sein für Impulse. Dass wir immer wieder offene Türen erlebt haben, hat uns dabei ermutigt, weiterzudenken. Und letztlich auch auszuwandern, egal, was die Menschen um uns herum darüber dachten. Was man mitbringen muss, um auszuwandern? Lust, etwas Neues auszuprobieren. Und man muss bereit sein, zu kämpfen und schwere Phasen durchzumachen. Meine Erfahrung ist: Man sieht mehr, man wird erfahrener, man entwickelt sich weiter. Aber am Ende des Tages ist man immer noch die gleiche Person. Du bist auf dem Weg und du schreibst dein Lebensbuch. Jetzt bist du in einem neuen Kapitel, und vielleicht hat dieses Kapitel eine andere Stimmung als das Kapitel zuvor. Aber das bist immer noch du. Nichts anderes.

Was wir in der Tiefe
über uns lernen können

Alles Mögliche hält uns zurück, etwas Neues im Leben anzufangen. Oft spielen äußere Zwänge dabei eine Rolle. Verpflichtungen und Verantwortungen, denen wir uns nicht einfach entziehen können. Manchmal stehen wir uns aber einfach selbst im Weg. Unsere Bequemlichkeit, und mehr noch unsere Ängste: Was, wenn es nicht gut wird? Was, wenn wir es nicht schaffen? Wenn wir uns oder andere enttäuschen? Es ist ja nicht so, dass diese Sorgen keine Berechtigung hätten. Denn Neuland zu betreten, birgt immer ein Risiko. Man war noch nie dort. Man weiß nicht, was kommt. Lohnt sich das Risiko also? Und wie können wir reagieren, wenn die Angst uns lähmt?

Alina Gucher hat lähmende Angst erlebt. Sie ist eine echte Abenteurerin und hat Flecken auf der Erde betreten, an denen noch niemand vor ihr war. Die 38-Jährige ist Höhlenforscherin. Höhlen haben sie Wesentliches fürs Leben draußen gelehrt, sagt Gucher. Wer Neuland betritt, darf sich allerdings keine Patzer leisten. Denn schon ein kleiner Fehler kann verheerende Folgen nach sich ziehen.

Vor meiner ersten Höhlentour sperrte ich mich im Schlafzimmer im Kleiderschrank ein. Ich hatte schon als Kind Platzangst. Totale Panik. Manchmal träumte ich auch, dass ich irgendwo feststecke. Aber ich bin neugierig. Ich wollte unbedingt in eine Höhle und war bereit, mich dafür dieser Angst zu stellen. Um mich vorzubereiten, machte ich also mit meinem Partner Trockenübungen – in unserem Kleiderschrank. Ich setzte mich in das Fach, in dem eigentlich die Hosen hängen. Mein Partner quetschte noch zwei Polster rein und machte die Tür zu. Kein gutes Gefühl. Er redete mit mir, beruhigte mich, sagte, dass er da sei und ich jederzeit wieder hinauskönne. Es war eng. Ich wurde panisch. Er sagte, ich solle atmen. Also habe ich mal geatmet. Objektiv war da natürlich null Gefahr. Ich war im Kleiderschrank!

Nach einer Weile wurde es besser. Ich versuchte, eines der Polster unter mich zu schieben, und die Panik kam wieder, weil ich überall anstieß. Wenn die Panik hochkommt, versteift sich alles in dir, und dadurch spürst du den Druck noch stärker. Die Enge wird also schlimmer. Ich atmete wieder drei Mal, dachte daran, dass mir nichts passieren kann, und merkte irgendwann: der Stress lässt nach, es geht wieder. Die Angst geht weg. Ich muss mich nur aufs Atmen konzentrieren, aufs Wesentliche.

Damit war die Angst noch nicht erledigt. Sie kam wieder. In meiner ersten Höhle gibt es eine Engstelle, die zwar breit, aber niedrig ist. Man kriecht durch diese Spalte. Um durchzukommen, muss man den Kopf zur Seite drehen. Du kannst nicht aufstehen, nicht hinknien, nicht mal den Kopf zur anderen Seite wenden. An dieser Stelle lag ich dann. Es war eng. Ich atmete durch. Und merkte: Es geht.

Emotionen wollen einem ja irgendetwas sagen. In diesem Fall: Es ist zu eng für dich, vielleicht solltest du da nicht weiter gehen. Vielleicht wird es so eng, dass du stecken bleibst und nicht mehr herauskommst! Seit dieser ersten Höhlenerfahrung beschäftige ich mich viel mit Emotionen. Ich nehme die Angst wahr, aber versuche, mich nicht hineinzusteigern. Ich sage der Angst: Ich sehe dich. Es ist okay, dass du da bist. Danke, dass du mir etwas zeigst. Wenn man die Angst wegschieben will, weil man mit ihr nicht umgehen kann, wenn man hektisch wird, bringt es nichts. Wegschieben macht die Angst größer. Man muss durch die Angst durchgehen. Man muss sich mit ihr befassen, sie annehmen und schauen, was passiert, dann bekommt man Macht über die Angst und nicht umgekehrt. Das ist nicht nur in der Höhle von Nutzen.

Höhlen finde ich schon lange spannend, beim Wandern habe ich gerne Löcher am Wegesrand erkundet, mich aber nie weit hineingetraut. Generell bin ich ein Mensch, der neugierig ist und sich gerne Herausforderungen stellt. Ich fliege Gleitschirm, betreibe Bogenschießen und gehe Sport- und Apnoe-Tauchen – ohne Druckluftflaschen, alleine mit einem Atemzug. Von Beruf bin ich Ingenieurin und arbeite im Anlagenbau, ein ganz normaler Bürojob. Höhlentouren mache ich in meiner Freizeit, so wie all die anderen Höhlenforscher in Deutschland. Das bedeutet aber nicht, dass man sich nicht professionell auf eine Tour vorbereitet. Die richtige Ausrüstung ist wichtig. Man hat den Schlaz an, so heißt der Höhlenanzug, und einen Helm, Kletterzeug, Wasser, etwas zu essen, eine Lampe und eine Ersatzlampe dabei. Eine gute Ausbildung im Höhlenverein ist auf alle Fälle ratsam, bevor man runtergeht, und jede einzelne Tour muss sorgfältig geplant werden. Es ist gefährlich in einer Höhle, weil die Rettung so lange dauert und so schwierig ist. Eine Höhle ist so abgelegen wie kaum ein Ort auf der Welt. Manchmal braucht es Tage, bis jemand kommen kann. Wenn du mit dem Fuß umknickst und auch nur einen Kilometer vom Eingang entfernt bist, ist das sehr ungünstig. Du musst kriechen, du kannst nicht gestützt werden, Sanitäter kommen schwer hin, die müssen zudem selbst höhlenerfahren sein. Wenn du allein durch eine Engstelle gerade so durchrobben kannst, kannst du dir ungefähr vorstellen, wie schwierig eine Rettung mit einer Bahre wird.

Ich war noch nie in einer objektiv kritischen Situation. Aber man kommt relativ bald in Situationen, die man als kritisch erlebt. Einmal war ich mit einer Gruppe in einer Höhle; ich lag irgendwo drin und hörte Steinschlag. Das war ein Schreck! Tatsächlich hatte ein Kollege nur gerade ein Plateau mit Absicht abgeräumt, weil er da hochwollte. Einmal hing ich am Seil in einem Schacht und meine Lampe ging aus, die Ersatzlampe war hinten im Schleifsack und ich kam nicht dran. Da hatte ich auch Angst. Ich hing am Seil, sah nichts und kam nicht weiter. In dieser Situation konnten mir die Kollegen glücklicherweise hochleuchten, bis ich wieder Boden unter den Füßen hatte. Ab diesem Zeitpunkt war die Ersatzlampe immer griffbereit.

Warum ich trotzdem da reingehe? Das fragt man sich manchmal selbst, wenn es hinten in den Kragen tropft. Es ist nass, man friert und ist hungrig. Aber als ich das erste Mal aus der Höhle herausgegangen bin, war ich voller Endorphine.

Dieses Glücksgefühl, durch so etwas durchgegangen zu sein, einen Schritt weiter zu sein in meiner persönlichen Entwicklung – das war das Erste, was mich so fasziniert hat. So fühlt sich für mich Leben an.

Es ist in der Höhle kalt, dunkel und vollkommen still. Außer dem Schaben vom Anzug auf Stein und Wasserplätschern hörst du nichts. Man hört sonst immer Autos fahren, Vögel zwitschern. Aber in der Höhle ist komplette Stille, komplette Dunkelheit. Du kannst die Hände direkt vors Gesicht halten und kannst die Wärme deiner Hände spüren, aber sie nicht sehen. Das ist irre.

Das hat man nirgendwo sonst auf der Welt. Mond, Sterne, Straßenlaternen, irgendwas leuchtet immer. Im ersten Moment ist die Dunkelheit beängstigend, schräg. Dieses Nichts. Ich liebe es, mich umso intensiver auf meine anderen Sinne, aufs Hören und aufs Fühlen, zu verlassen.

Viele Menschen reagieren ablehnend, wenn ich ihnen von meiner Leidenschaft erzähle: Sie würden da nicht reinwollen, weil es dunkel und gefährlich ist. Aber natürlich treffe ich vor jeder Tour Vorkehrungen. Ich bin sehr defensiv in Höhlen. Im Vorfeld prüfe ich den Wetterbericht. Wenn ein Gewitter mit starkem Regen kommt und du nicht weißt, ob die Höhle wasserführend ist, kann es sein, dass der Wasserspiegel steigt und die Höhle vollläuft. In dem Fall kann man darin eingeschlossen sein oder ertrinken. Steinschlag ist die andere große Gefahr. Man trägt deswegen immer einen Helm.

Eine andere grundlegende Regel lautet: In einer Höhle ist es wichtig, mindestens zu dritt unterwegs zu sein, auch um sich gegenseitig unterstützen zu können. Wenn jemand verletzt ist, kann ein Kamerad dableiben, und der andere steigt auf und holt Hilfe. Eine Gruppe bleibt zusammen, auch wenn es so länger dauert. Hinten geht jemand, der sich auskennt und sich sicher fühlt. Und wenn jemand herausgefunden hat, wie man eine Stufe am besten herunterklettern kann, dann sagt er oder sie es den anderen.

In der Höhle achten die Leute aufeinander. Es ist eine Kameradschaft. Da unten kommt man einander nahe, ist aufeinander angewiesen, beispielsweise wenn jemand angeseilt in einem Schacht hängt oder einen Abgrund überwinden muss. Solche Situationen bringen einen emotional an Grenzen. Und deshalb ist es so wichtig, sich aufeinander verlassen zu können.

In der Höhle erlebe ich viel mehr Unterstützung als draußen. Sogar mit denselben Leuten ist es draußen anders als in der Höhle. In der Höhle ist es gut, Schwäche zu zeigen. Da solltest du nicht über deine Grenze gehen, sonst kann etwas passieren – und das wird dann für alle unangenehm. Wenn du nicht so fit bist oder dir etwas nicht zutraust, ist das okay. Wer sonst im Alltag sagt: Da fühle ich mich unsicher, wird leider oftmals belächelt. Ich muss viel mehr überlegen, wie mein Verhalten in diesem Moment wirkt. Wer sagt schon gern: Ich habe Angst! Denn das macht einen ja schwach. Aber ich finde, es ist eine Stärke zu sagen: Ja, ich bin gerade schwach. Indem du dich dem anderen gegenüber öffnest, wirst du stark. In der Höhle ist es selbstverständlich zu sagen, was ist. Und es wäre so schön, wenn wir auch sonst auf diese Weise miteinander umgehen würden. Dass wir Emotionen und Grenzen zeigen dürfen. Das würde die Menschheit weit bringen.

Man lernt sich in der Höhle aber auch selbst besser kennen. Du musst deine Kondition einteilen, denn du musst ja auch wieder raus. Du lernst, auf dich selbst zu hören, deine Grenzen zu wahren, einzuschätzen und auszuloten. Und auch zu schauen: Wo habe ich körperliche Grenzen, die ich nicht überschreiten werde? Dieses fokussiert sein, im Moment sein, ist geistig anstrengend, aber auch schön. Und du bist eigenverantwortlich. Draußen wird dir viel Eigenverantwortung abgenommen, alles Mögliche ist sicher gemacht. In der Höhle ist das nicht so. Ich entscheide mich selbst für den Weg: Was kann ich mir zutrauen? Und wenn ich zu dem Ergebnis komme, dass ich mir eine Spalte nicht zutraue, kann ich mich fragen: Vielleicht geht es mit Hilfe, vielleicht kann mir jemand eine Hand reichen? Man kann in der Höhle auch üben zu vertrauen. Und dankend annehmen, wo andere dich unterstützen können. Man muss es nicht alleine schaffen.

Wie man eine Höhle zum Erforschen findet? Man kann sie selbst suchen. Rumgehen, gucken, wo ein Loch ist. Am besten ist aber, man meldet sich beim lokalen Höhlenforscherverein und fragt, wie man deren Forschung am besten unterstützen kann.

Der Sinn dahinter ist, unsere Umgebung besser kennenzulernen, die Geologie zu erkunden und den Weg des Wassers, das schlussendlich unser Trinkwasser wird. Man beobachtet außerdem Tiere und klimatische Veränderungen. Höhlen sind wertvolle Geotope, die wir unbedingt schützen müssen.

Eine völlig unberührte Höhle habe ich auch schon miterforscht. Ewig alte Naturschauspiele findet man dort unten. Höhlen sind ganz unterschiedlich beschaffen. In einigen Höhlen gibt es Schnee und Eis. Dann muss man mit Steigeisen rein. Andere Höhlen sind aus Stein, Geröll. Du siehst Auswaschungen, die je nach Gestein verschieden sind: schroff, schneidend bei Kalkstein zum Beispiel. Teilweise sieht man an großen Auswaschungen, den Auskolkungen, wo früher Bäche durchgeflossen sind oder auch große Wassermassen durchgedrückt wurden. Manchmal findet man sie sogar ganz oben in den Bergen, weil es dort früher Meeresgrund gab, der sich später gehoben hat. In wieder anderen Höhlen gibt es Tropfsteine, Versinterungen, ganze Wände voller Sinterperlen zu bestaunen. Das ist wunderschön. Drinnen in der Höhle glänzen sie von der Feuchtigkeit. Manchmal werden sie deshalb geklaut. Aber wer einen Tropfstein klaut, erlebt draußen eine Überraschung: Denn Tropfsteine sehen draußen aus wie ganz gewöhnliche Kalksteine.

Tropfstein braucht ewig lang zum Wachsen. Je nachdem wie die Erdoberfläche beschaffen ist, wie viel Wasser durch die Höhle tropft und wie viel Kalk dabei gelöst wird, vergehen tausend oder sogar 10.000 Jahre, bis ein Stalaktit 50 Zentimeter groß ist. Alles dort drin ist uralt. Deshalb musst du schauen, dass du nichts kaputt machst. Wenn da schneeweiße Versinterungen sind, dann schau, dass du auf einem Weg bleibst und nicht überall mit deinen Schlammschuhen rumläufst. Denn deine Spuren gehen nicht mehr weg. Das hast du dann verschandelt. Was du tust, hat immer Auswirkungen, aber versuche, sie so gering wie möglich zu halten. Du bist zu

Gast. Sei dankbar, dass du da sein darfst, und nimm alles wieder mit, was du reingetragen hast. Es erleben zu dürfen, an einem Ort zu sein, wo nie zuvor jemand war, finde ich schön. Ich kann da einfach sitzen und nichts tun, das fällt mir draußen schwerer. Ich spüre in der Höhle eine besondere Ruhe.

Höhlen sind etwas so Pures. Wo du nicht lügen kannst. Entweder du kriegst es hin oder nicht. Du kannst dich nicht durchschwindeln. Von der Höhle habe ich gelernt, mir selbst mehr zuzutrauen. Ängste als das zu erkennen, was sie sind. Sie wollen einem was zeigen. Eine Angst sagt nicht: Verfall in Panik, erstarre oder lass es einfach. Sie sagt nur, dass da eine Gefahr sein könnte. Oft hat man ja Angst vor etwas Unbekanntem. Ich habe gelernt: Dann schau hin, dann brauchst du keine Angst mehr davor zu haben.

In der Höhle gehst du einfach einen Schritt nach dem anderen. Ich setze mich meinen Ängsten bewusst aus. Wenn ich merke, dass ich bei ausgesetzten Stellen unsicher bin, bleibe ich stehen und beschäftige mich mit dieser Beklemmung: Sie sitzt in der Brust und im Bauch, und überall wird es eng. Dann schaue ich runter und warte, bis sich mein Herzschlag beruhigt hat. Wenn ich merke, dass ich einen sicheren Stand habe, gehe ich weiter. Ich genieße es, diese intensiven Emotionen zu spüren. Ich wachse daran, werde immer stärker. Ich werde souveräner – nicht nur in der Höhle, sondern im Leben. Wer verdrängt und wegschaut, was ihm Probleme bereitet, der kommt nicht weiter.

Die Erkenntnis, dass ich mein eigenes Leben beeinflussen kann, hat mit meiner Platzangst angefangen. Und damit, dass ich in Höhlen gelernt habe, sie zu besiegen. Wenn ich diese Furcht besiegen konnte, bedeutet das nicht auch, dass ich andere Emotionen infrage stellen kann? Seit dem Grundschulalter hatte ich immer das Gefühl, zu dick zu sein. Zwanzig Jahre lang habe ich mich durch viele Diäten gequält und dabei viele Regeln aufgestellt: Zum Beispiel, dass ich nichts Süßes mehr essen darf, es sei denn, jemand bietet es mir an. Damit habe ich mich in eine ungute Abhängigkeit von anderen gebracht, totaler Quatsch.

Nachdem ich durch die Höhle gelernt hatte, mich meinen Ängsten und Emotionen zu stellen, bin ich zum intuitiven Essen gekommen und habe mich zum Mentalcoach und Coach für intuitives Essen ausbilden lassen. Intuitives Essen bedeutet, zu essen, wenn man hungrig ist, und das zu essen, was guttut. Wenn du darauf achtest, sagt dir dein Körper, wann es genug ist. Ich übte, das zu spüren. Wenn ich abends fertig von der Arbeit nach Hause kam und anfing, auf dem Sofa irgendetwas zu essen, war das meist nicht, weil ich Hunger hatte, sondern eine Belohnung brauchte, weil ich müde und erschöpft war. Wenn ich heute heimkomme, frage ich mich, was ich gerade brauche. Und wenn das Ruhe und Wärme ist, dann gehe ich in die Badewanne oder mache mir einen Kräutertee mit Gewürzen, der mich wärmt. Ich brauche gar keine Tafel Schokolade. Aber das musste ich erst lernen zu spüren.

Auch in anderen Bereichen dachte ich darüber nach, ob ich manchmal nur reagiere, weil ich will, dass die Emotion weggeht. In Freundschaften spreche ich jetzt öfter Sachen an und gehe Konflikten oder unangenehmen Themen nicht mehr aus dem Weg – oft mit total schönen Ergebnissen! In einer Freundschaft zum Beispiel habe ich oft geschluckt, mich verletzt gefühlt und zurückgedrängt. Rational habe ich verstanden, dass meine Freundin gerade viel um die Ohren hatte. Aber emotional nicht. Und ich habe gemerkt: Wenn ich diese Freundschaft erhalten will, muss ich ansprechen, was mich verletzt. Etwas Unangenehmes anzusprechen, ist nie ein gutes Gefühl. Danach hatte ich aber ein umso besseres, denn dass ich angesprochen habe, was mich gestört hat, hat unsere Freundschaft auf eine andere Ebene gehoben. Es war ungewiss, wie das Gespräch verlaufen würde, ich hatte vorher keine Sicherheit. Es war Angst, durch die ich gegangen bin, und was daraus gewachsen ist, war gut. Je stärker und größer die Emotion ist, desto eher lohnt es sich, sie zu hinterfragen.

Wie werden wir zu Helden
unseres eigenen Lebens?

Warum üben bewegte Bilder so viel Anziehungskraft auf uns aus? Und weshalb rühren uns manche Filme und andere nicht? Was verbindet uns mit Kate auf der Titanic oder mit James Bond, der am seidenen Faden über einem Abgrund baumelt?

Vielleicht finden wir in den Geschichten uns selbst. Oder sie erzählen uns von einer Sehnsucht nach einem anderen, spektakuläreren Leben. Sie scheinen uns jedenfalls etwas zu geben, wofür wir gerne bereit sind, unsere Zeit zu investieren.

Dennis Gansel ist Regisseur und Drehbuchautor. Er weiß, was eine gute Story ausmacht. Für seinen ersten Spielfilm »Das Phantom« wurde er als 27-Jähriger mit drei Grimme-Preisen ausgezeichnet. Seitdem hat er viele erfolgreiche Produktionen auf die Leinwand gebracht und dabei mit Polit-Thrillern, Teenie-Komödien, Kinderfilmen, Action-Streifen, einem Vampir-Drama und Serien wie der Neuverfilmung von »Das Boot« die unterschiedlichsten Genres bedient. Könnte es sein, dass manche Geschichten so viele Menschen fesseln, weil sie unsere Hoffnung für unser eigenes Leben beinhalten? Den Wunsch, dass das Drehbuch unseres Lebens kein Langweiler wird, sondern ein Knaller?

**Herr Gansel, wir sehen unansehnlichen Hobbits stunden-
lang dabei zu, wie sie irgendeinen ollen Ring retten. Wo-
durch funktionieren manche Geschichten, auch wenn sie
absurd sind?**

Indem sie nah am Leben sind. Indem sie wahrhaftig sind.
Figuren werden dann wahrhaftig, wenn sie sich so verhalten,
wie das im normalen Leben auch der Fall wäre. Die Konflikte im Leben sind die realsten, die es gibt. Man kann auch in
einer totalen Kunstwelt sein, wie bei der Marvel-Reihe. Aber
wenn die Konflikte wahrhaftig sind, funktioniert es.

Welcher Film fällt Ihnen da als Erstes ein?

»Ironman« beispielsweise stellt fest, dass er im falschen Leben
ist. Es gibt kein richtiges Leben im falschen. Er ist ein hoch-
neurotischer, brillanter Wissenschaftler, der Waffen herstellt.
Er wird gefangen genommen, ist kurz davor zu sterben – und
gibt dann alles auf, wofür er sein Leben lang gearbeitet hat.
Und baut nur noch eine einzige Sache. Keine Rakete, nichts,
was Menschen verletzt. Sondern einen Anzug für sich selbst,
um das Böse in der Welt zu bekämpfen. Das ist der Weg aus
der Sackgasse. Dadurch beginnt eine gigantische Entwicklung. Er wird zu einem ganz anderen Menschen. Auch seine
Freundin hat ganz authentische Probleme, indem sie zu ihm
sagt: »Du siehst mich nicht mehr. Du bist nur noch für deine
Arbeit da. Wo ist denn überhaupt mein Platz im Leben? Wo
ist der Platz, an dem ich mich in unserem gemeinsamen Leben entfalten kann?« Dadurch wird selbst eine totale Reiß-
brettgeschichte wahrhaftig. Man könnte ja auch denken:
»Jaja, jemand baut sich einen Anzug und hat Laserstrahlen
an den Füßen, mhm, super!« Aber durch diese zwischen-

menschlichen Konflikte wird die Geschichte wahrhaftig und authentisch. Das Leben ist das, woraus alles kommt, auch die Kunst. *Art imitates life.* Aber *life imitates art* stimmt auch. Wenn ich einen tollen Kinofilm sehe mit Figuren und Charakteren, die mich berühren, inspiriert mich das. Nachdem ich »Club der toten Dichter« gesehen hatte, wusste ich: Ich will unbedingt etwas mit Film machen. Das war einer der großen Impulse in meiner Teenie-Zeit. Daraufhin bin ich dann an die Filmhochschule gegangen.

Sie sind seit inzwischen mehr als zwanzig Jahren Regisseur und Drehbuchautor. Wie muss ein Film aufgebaut sein, damit die Geschichte funktioniert?
Es gibt je nach Genre ganz unterschiedliche Strukturen. Da gibt es zum Beispiel die Rache-Struktur, die Familien-Struktur oder die »Fish out of water«-Struktur: Dinosaurier sind plötzlich in New York. Oder die Meerjungfrau, die aufs Schiff kommt. Es gibt Strukturen für Komödien oder für Thriller: Du hast meine Tochter entführt, ich bin Liam Neeson, und ich mache mich auf den Weg nach Paris, um sie rauszuhauen. Und dann gibt es natürlich die Heldenreise: Sie ist sicher die bekannteste und beliebteste Struktur. Von den zehn größten Kassenerfolgen aller Zeiten sind acht drehbuchtheoretisch nach der Heldenreise gebaut.

Wie funktioniert die Heldenreise?
Jemand bekommt den Ruf, ein Abenteuer zu begehen. Diesem Ruf will er oder sie zunächst aber nicht folgen. Dann passiert häufig etwas sehr Schlimmes. Zum Beispiel die Eltern werden ermordet – das ist ein häufiges Motiv, egal, ob

das jetzt »Bambi« oder »Star Wars« ist. Und dann macht sich der Held auf den Weg. Unterwegs trifft er unterschiedlichste Gefährten. Er wächst über sich hinaus und kommt als geläuterte Figur zurück.

Warum muss der Held oder die Heldin denn überhaupt Schlimmes erleben?

Weil man ansonsten kein Drama hat. Die ganzen Fallstricke, die dem Helden oder der Heldin zustoßen, sind Konflikte. Und nur aus Konflikt entsteht Drama. Konflikte können aber natürlich auch ganz klein sein. Bei der Komödie »Oh Boy« zum Beispiel besteht der Konflikt zuerst mal darin, dass Tom Schilling einfach nur einen normalen Kaffee haben will. Auch das Science-Fiction-Abenteuer »Dune« ist eine Heldenreise. Erst, als der ganze Palast in Schutt und Asche liegt, macht sich der junge Held, der noch keiner ist und auch keiner sein will, auf den Weg. Dieser Aspekt ist auch ganz wichtig: Figuren, die von Anfang an ein Held sein und das Abenteuer unbedingt durchziehen wollen, nerven uns. Beim Publikum scheint es viel besser zu funktionieren, wenn die Hauptfigur erst mal Angst hat und es nicht machen will. Denn Identifikation passiert dann, wenn man sich selbst in die Reise des Charakters hineindenken kann. Und Angst und Unsicherheit sind sehr menschlich. Es gibt nur sehr wenige Leute, die als Helden geboren werden. Die allermeisten müssen sich das erst erarbeiten.

Was für einen Prozess muss der Held oder die Heldin durchlaufen?

Er wird vollkommener. Die Theorie sagt, dass der Charakter zunächst unvollständig ist. Er hat noch nicht die Reife erlangt, die er eigentlich haben soll. Oder er hat das Potenzial noch nicht entdeckt, das eigentlich in ihm steckt. Das sehen wir zum Beispiel bei Luke Skywalker. Er möchte die Rolle, die für ihn vorgesehen ist, eigentlich gar nicht erfüllen. Erst als er den Ruf annimmt und sich auf den Weg macht, wird er zum Helden. Dasselbe sehen wir auch bei den Hobbit-Filmen: Der Ruf ist eigentlich viel zu groß. Man will sich gar nicht auf den Weg machen. Denn eigentlich ist es ganz gemütlich zu Hause. Es ist eine große Überwindung, dieses riesige Abenteuer aufzunehmen. Wenn man zurückkehrt, ist man ein anderer Mensch geworden. Und damit können sich unglaublich viele Leute identifizieren.

Warum ist das so?
Weil es im normalen Leben auch so ist. Zum Beispiel, wenn man sich im Job unwohl fühlt. Man weiß, man muss etwas tun oder da rausgehen. Oder auch beim Umzug. Ich denke heute noch: »Oh Gott, ich muss umziehen! Nein, ich lasse es doch wieder sein, ich sage die Wohnung wieder ab.« Bis ich mich da endlich überwunden habe – das ist eine Reise.

Wie kann man eine Geschichte retten, die in der Sackgasse gelandet ist?
Durch Überraschung. Etwas, mit dem man nie gerechnet hat. Im Film macht eine Figur, die in eine Sackgasse geraten ist, entweder einen totalen Überraschungs-Move, mit dem man nicht gerechnet hat. Oder sie erinnert sich an die geheime Superkraft, die sie in sich hat. Zum Beispiel die Kinder bei Ste-

ven Spielberg, die unglaubliche Angst haben. Sie schließen die Augen vor dem Monster und sagen: »Du bist gar nicht da, du bist gar nicht da!« Oder der Junge bei Stephen King, der der Riesenspinne sein Asthmaspray entgegensprüht. Oder der Hobbit, der in letzter Minute den Ring wegschmeißt, um den es die ganze Zeit ging. Für die Figur ist das eine Befreiung. Weil die Suche danach und der Besitz zu dieser Besessenheit und zu den Konflikten geführt hat. Das loszulassen ist für uns als Zuschauer etwas, mit dem man nie gerechnet hat.

In vielen Filmen kann man das Wachstum an den äußeren Herausforderungen erkennen. Zum Beispiel, wenn der Held siegreich aus einem Kampf hervorgeht. Wie ist das bei weniger actionreichen Streifen?

Die Entwicklung des Charakters kann man auch in Dramen sehen. Denken wir zum Beispiel an »Revolutionary Road« mit Leonardo DiCaprio und Kate Winslet. Beide haben sehr starke Bürden. In jedem Fall müssen sich Figuren immer entwickeln. In den vergangenen drei Jahren habe ich im Serienbereich gearbeitet. Bei der Serie »Das Boot« gibt es zum Beispiel den jungen U-Boot-Kapitän Franz Buchner. Er startet im Grunde genommen als Muttersöhnchen und will eigentlich Künstler werden. Seine Mutter will aber unbedingt, dass er auf ein U-Boot geht, weil sie sich von der Admirals-Elite, die in ihrer Heimatstadt Kiel das gesellschaftliche Leben bestimmt, nicht gewertschätzt fühlt. Buchner traut es sich erst gar nicht zu. Aber dann entwickelt er sich zu einem Mann, der Verantwortung übernehmen kann und über sich selbst hinauswächst. Eine solche Entwicklung muss bei jeder Hauptfigur erkennbar sein. Wenn das nicht klar ist, sagen die zuständigen Redaktionen auch: An dem Bogen muss man noch arbeiten.

Aber es muss immer eine Herausforderung geben. Man kann also nicht auf dem Sofa zum Helden werden.
Genau! Zumindest im populären Film ist das der Fall. Es gibt aber auch Arthouse-Filme, die das bewusst unterlaufen. Bei denen die Entwicklung nicht so stark ist und die Charaktere immer gleich bleiben.

Stichwort »main character energy«: Wie kann ich denn zur Heldin meines eigenen Lebens werden?
Meine Erfahrung ist: Risiken eingehen und sich aufmachen. So ganz pauschal kann man das natürlich nicht sagen. Ich habe auch Freunde erlebt, die meiner Meinung nach wenig Risiken eingegangen sind und damit ziemlich gut gefahren sind. Und ich kenne auch Menschen, die extreme Risiken auf sich genommen haben und damit gescheitert sind. Grundsätzlich glaube ich aber schon, dass es gut ist, rauszugehen und die Dinge auszuprobieren.

Wie war das bei Ihnen?
Ich habe manche großen Chancen meines Lebens genutzt. Manche habe ich aber auch fahren lassen. Wenn ich es genauer betrachte, stelle ich fest, dass die großen Fehlentscheidungen bei mir aufgrund von Angst entstanden sind. Ich habe mich nicht richtig getraut, wollte Sicherheit haben. Das geht bei Immobilien los, im Berlin der frühen 2000er. Heute denke ich: Hätte ich damals mal investiert. Ich weiß aber auch noch, warum ich das nicht getan habe. Mit einem biss-

chen mehr Mut zum Risiko würde ich heute besser dastehen. Ein anderes Beispiel: Nach meinem Film »Die Welle« hatte ich ein gutes Momentum. Da hätte ich die Gelegenheit gehabt, einen Film in Hollywood zu machen. Ich habe diese Chance aber nicht genutzt, sondern stattdessen einen Film in Deutschland gedreht. Im Nachhinein war das ein großer Fehler. Denn an dem Punkt, an dem ich damals war, war ich nie wieder. Da werde ich erst wieder sein, wenn ich einen Mega-Erfolg habe.

Warum haben Sie sich zu diesen Zeitpunkt gegen Hollywood entschieden?
Es war so ein riesiges 100-Millionen-Dollar-Projekt. Ich hatte Angst zu scheitern und zu wenige Informationen. Ich hätte mir gewünscht, mich hätte damals jemand an der Hand genommen und mir gesagt: »Du kriegst das alles hin.« Ich hatte zum Beispiel Angst vor visuellen Effekten und diesen ganzen Sachen. Im Nachhinein ist das albern. Später habe ich ja nur noch Filme mit visuellen Effekten gemacht. Ich habe mich aber damals nicht getraut. Außerdem wollte ich etwas Eigenes machen. Etwas, das ich selbst geschrieben habe. Der Film wurde aber gar nicht mein eigener, weil ich durch die deutschen Partner gezwungen war, mein Drehbuch total umzuarbeiten. Damals habe ich auf beiden Ebenen verloren. Ich kann mich noch sehr gut daran erinnern, wie ich die Argumente abgewogen habe. Die Entscheidung musste ich damals im Flugzeug über dem Atlantik treffen.

Können Sie das, was Sie aus Ihrem Job als Regisseur gelernt haben, auf Ihr privates Leben anwenden?

In der Regiearbeit muss ich permanent Entscheidungen treffen. Und der Dennis in mir kann nicht sagen: Jetzt lege ich mich erst mal hin, bis ich weiß, wie ich mich entscheiden soll. Ich bin in einer Struktur, die mich zwingt, entscheidungsfreudig zu sein, auch wenn ich mich dazu überwinden muss. Ich habe gar nicht die Zeit, lang zu überlegen, ob ich mich entscheiden kann, sondern ich muss einfach schnell zu einem Ergebnis kommen. Rot oder Grün? Dieser Schauspieler oder jener? Zack! Was ich gelernt habe, ist, strukturiert zu sein. Eigentlich lasse ich Dinge auch gern mal schleifen und habe auch nicht immer Lust auf Konflikte. Bei mir ist das gerade auch eine Extremsituation, weil wir kleine Kinder haben und ich viel arbeite. Ich muss also extrem diszipliniert sein, um überhaupt durch mein eigenes Programm zu kommen.

Oft läuft das Leben ja nicht so rund, wie man sich das vorstellt. Wie geht man mit Veränderung um, die man nie wollte?
Man wächst an Veränderungen, sobald man gelernt hat, sie zu akzeptieren. Wir haben vor zwei Jahren ein Baby verloren, das war absolut traumatisch. Da denkt man zuerst, man ist total ohnmächtig. Und irgendwann kommt man zur Akzeptanz. Aber man muss sich auch Hilfe suchen. Alleine ist das nicht machbar. Gerade, wenn man merkt, dass man die Trauer nicht bewältigen kann oder aus den Strukturen von allein nicht herauskommt.

Wie kann man denn das theoretische Wissen in die Praxis umsetzen? Selbst wenn man weiß, dass die Herausforderungen, die an mich herangetragen werden, mich wachsen

lassen werden – in dem Moment, wo ich vor der Herausforderung stehe, habe ich aber vielleicht trotzdem Angst.

Ich würde dazu raten, ganz kleine Schritte zu machen. Wenn eine große Herausforderung vor mir liegt, ist es wichtig, mir den ersten Schritt so einfach wie möglich zu machen. Zum Beispiel, wenn ich ein Drehbuch schreiben will. Ich nehme dann erst mal ein Blatt Papier und einen Stift. Damit beginne ich das Projekt noch nicht mal offiziell. Sobald ich den Laptop aufklappe, wird es offiziell. Aber mit Zettel und Stift sage ich mir: »Ich mache doch gar nichts, Dennis! Ich bin doch nur am Kritzeln. Das ist doch gar nicht so wichtig, das kann ich jederzeit wieder wegschmeißen.« Danach lege ich es weg. Das ist mein Trick. Und am nächsten Tag gehe ich hin und sage: »Ah, ich habe ja schon was geschrieben!« Dann kann ich da wieder ansetzen. Irgendwann wird vielleicht eine Seite draus. Ich schreibe es einfach runter. Ich mache auch keine Rechtschreibkorrektur. Ich hacke das einfach runter und lasse es dann liegen. Beim Überarbeiten hast du nämlich kein weißes Blatt mehr. Du hast ein beschriebenes Blatt. Da sind zwar viele Fehler drin, aber das ist dann eine schöne, gemütliche Arbeit. Das kannst du irgendwann wegkorrigieren. Plötzlich bist du drin. Und dann denke ich: Na, dann kannst du jetzt ja auch weitermachen. Solche kleinen Schritte helfen mir.

Sie würden also nicht vom Ende her denken: Was will ich werden? Ich will der Held meines Lebens, meiner eigenen Geschichte werden. Durch welche tiefen Täler muss ich dafür durch?

Doch, das auch. Das habe ich schon vor Augen. Ich visualisiere zum Beispiel, dass ich einen schönen Film machen will, und dann habe ich auch die Energie, das anzugehen. Dafür brauche ich auch nicht die kleinen Schritte. Vorher ging es um Dinge, die mir Angst machen, bei denen ich mich nicht so traue, weil es zu groß für mich ist. Bei denen ich denke, dass ich daran vielleicht scheitern könnte. Regie führen liegt mir irgendwie, das hatte ich schon früh gemerkt. Drehbuchschreiben aber nicht. Aber weil es niemanden gab, der für mich Drehbuch schreibt, musste ich es selber machen. So richtig gut bin ich wahrscheinlich immer noch nicht.

Würden Sie sagen, dass man der Regisseur seines Lebens werden kann?
Es gibt kein Rezept, das für alle gilt. Es hängt viel von der Persönlichkeit ab. Aber man ist schon seines eigenen Glückes Schmied. Dieser Spruch von der Oma trifft schon sehr stark zu. Glücklich ist der Mensch, der schon in jungen Jahren versteht, wie er funktioniert und was er selbst will. Je jünger man das versteht und an sich arbeitet, desto glücklicher kann man werden, weil man mehr wichtige Weichen stellen kann.

Dann müssten Sie ja ein glücklicher Mensch sein.
Ja, das bin ich. Ich weiß natürlich, was noch hätte alles sein können. Aber insgesamt bin ich sehr zufrieden. Ich habe gelernt, mit dem, was gut läuft, zufrieden zu sein. Das konnte ich vorher nicht. Das kam bei mir durch die Familie, die mich dazu zwingt, mehr im Moment zu sein. Und das ist gut.

Wie man in einem Leben zurechtkommt, das man sich nicht ausgesucht hat

Wie ist es, wenn der Glaube an eine bessere Zukunft einen dazu antreibt, alles aufs Spiel zu setzen? Und wenn dann der Neustart viel, viel härter wird, als man sich das ausgemalt hatte? Shaden Sabouni befindet sich irgendwo zwischen Loslassen und Ankommen, Vergangenheit und Zukunft, Wehmut und kühnen Zukunftsvisionen. Ihre Flucht von Syrien nach Deutschland war ein ungeheuerliches Abenteuer. Eines, das sie sich selbst niemals ausgesucht hätte.

Heute schreibt sie in ihrer Promotion mit dem Titel »Weder hier noch dort« über syrische Flüchtlinge in Deutschland und deren Suche nach Heimat und Zugehörigkeit.

Sabouni wirkt zielstrebig, organisiert und ambitioniert: Die 45-jährige Mutter zweier fast erwachsener Kinder hat vor, Professorin zu werden. Ihren Weg hätte sie als Erfolgsgeschichte erzählen können. Aber so einfach macht sie es sich nicht. Shaden Sabouni zeigt sich in unserem Gespräch verletzlich und nachdenklich über die Schattenseiten ihres eigenen Weges.

Früher war ich stolz darauf, mich mit meinem Namen vorzustellen. Mein Vorname bedeutet auf Arabisch Rehkitz. Es ist ein seltener Name mit einer außergewöhnlichen Bedeutung. In Deutschland sage ich immer gleich dazu, was er bedeutet, weil ich vermeiden möchte, dass mein Gegenüber darüber lacht, dass mein Name auf Deutsch klingt wie das Wort »Schaden«. Mein Nachname, Sabouni, bedeutet auf Arabisch Seife. Ich komme aus Aleppo. Einer Stadt, die weltbekannt für ihre Seife aus Oliven- und Lorbeeröl ist. Meine Familie ist in Aleppo ebenfalls sehr bekannt. Meine Namen verraten also viel über meine Identität, meine Geschichte und meine Persönlichkeit. Hier in Deutschland bedeuten sie nichts. Das sagt viel darüber aus, wer ich früher war und wer ich heute bin.

Früher habe ich mir nie Sorgen gemacht. So etwas wie Zukunftsängste kannte ich gar nicht. Ich war rundum glücklich, fühlte mich sicher und ich gehörte dazu. Das war natürlich vor dem Krieg. Hier in Deutschland mache ich mir wirklich jeden einzelnen Augenblick Gedanken um meine Zukunft. Ich bin ständig auf der Suche nach Jobmöglichkeiten. Ohne Arbeit kann man sich die Zukunft hier nämlich nicht leisten.

In Syrien hatte ich ein schönes, unbeschwertes Leben, in dem mir meine Familie alles ermöglicht hat. Als Jugendliche ging ich auf eine amerikanische Schule und anschließend studierte ich englische Literatur. Schon im Studium war mein Englisch so gut, dass ich Unterricht darin gab. Ich hatte dafür sogar ein eigenes Büro, in dem ich Englischkurse abhielt.

Mit 23 Jahren heiratete ich. Es war eine arrangierte Ehe. Gerade für Familien wie meine ist es sehr wichtig, dass ihre

Kinder Partner aus ähnlichen Familien heiraten. Auch wenn ich mich verliebt und mir selbst einen Partner ausgesucht hätte, wäre mir die Zustimmung meiner Familie ungemein wichtig gewesen. Ich wollte mich auf jeden Fall an diese Traditionen halten. Vor der Hochzeit war ich nicht in meinen Mann verliebt. Danach schon. Wir sind jetzt seit dreiundzwanzig Jahren verheiratet und immer noch sehr glücklich miteinander.

Mit 25 und 27 Jahren bekam ich zwei wunderbare, kluge und gesunde Kinder – ein Mädchen und einen Jungen. Mein Traum war es, ihnen ein noch besseres Leben zu ermöglichen als das, das ich hatte. Dabei war mein Leben ja schon perfekt. Meine Kinder besuchten eine zweisprachige Schule, gehörten zu einem internationalen Schwimmteam und lernten Instrumente. Meine Tochter spielte schon mit sieben Jahren als jüngste Pianistin im Opernhaus von Aleppo. Ich widmete ihnen meine ganze Zeit, unterstützte sie und brachte sie zur Schule und zu ihren Sport- und Musikaktivitäten. Ihre Zukunft konnte ich vor meinem inneren Auge schon genau sehen. Und zunächst lief auch alles nach Plan. Bis der Krieg begann. Auf einmal war ich nicht mehr in der Lage, auch nur einen einzigen Tag zu planen.

Wir hatten eigentlich nie vor, Aleppo zu verlassen. Jeden Tag dachten wir: »Es wird bald aufhören. Morgen wird alles wieder normal sein.« Dieser Zustand dauerte fast zwei Jahre. Wir hatten dann in Aleppo keinen Strom und kein fließendes Wasser mehr. ISIS umzingelte die Stadt, und ich konnte ihre schwarze Flagge schon von unserem Garten aus sehen. Jeden Tag kamen sie näher. Die Situation wurde so gefährlich, dass auch die Schulen geschlossen wurden. Eines Tages erfuhr mein Mann, dass die Armee eine Straße zur westsyrischen Küstenstadt Tartus geöffnet hatte. Sie würde größtenteils von der Regierung des Assad-Regimes kontrolliert und sei sehr gut vor den islamistischen Milizen geschützt, meinte er. Wir müssten uns aber über Nacht auf den Weg machen.

Darauf war ich nicht vorbereitet. Mein Mann meinte jedoch, wir hätten keine andere Wahl, weil ISIS sehr bald nach Aleppo kommen würde. Ich dachte, dass wir die Stadt nur für kurze Zeit verlassen würden. Also packte ich wirklich nur das Allernötigste ein. Ich nahm weder unsere Fotos mit noch meine Bücher oder die Lieblingskuscheltiere meiner Kinder. Sogar unsere Katze ließen wir bei einer Tante von mir. Meine Mutter und mein Bruder kamen mit uns. Wir kehrten nie wieder zurück.

Auf dem Weg nach Tartus war ich in großer Sorge vor den Kontrollen der ISIS-Milizen. Das hatte auch mit dem Namen unserer Tochter zu tun, und mit meinem Ausweis. Als ich den Namen Nataly ausgesucht hatte, hätte ich mir nie vorstellen können, dass dieser christliche Name mal ein Problem für uns werden könnte. Hätte ISIS ihren Namen herausgefunden, wäre sie sofort vor unseren Augen geköpft worden. Genauso wäre es mir ergangen, wenn sie mein Passfoto ohne Kopftuch gesehen hätten. Auf dem Weg wurden wir mehrmals von islamistischen Milizen kontrolliert. Gott sei Dank haben sie aber nie nach meinem Ausweis gefragt.

In der Hafenstadt Tartus nahm ich eine Stelle als Leiterin des Fachbereichs Englisch an der neuen Schule unserer Kinder an. Das hatte viele Vorteile: Ich konnte ihr Schulgeld bezahlen, meine Familie finanziell mitunterstützen, und ich war in der Nähe der Kinder. Weil die Situation aber auch in

Tartus von Tag zu Tag schlimmer wurde, beschloss mein Mann, nach Deutschland zu gehen. Er folgte damals einfach den Medienbeiträgen, in denen von der Willkommenskultur berichtet wurde und davon, wie die Menschen in Deutschland empfangen werden. Zusammen mit meiner Mutter nahm er wie viele andere Flüchtlinge den Weg über das Mittelmeer.

Meine Kinder und ich blieben in Tartus und warteten auf die Familienzusammenführung. Ursprünglich dachten wir, dass wir ihm nach etwa vier bis sieben Monaten folgen könnten. Es dauerte aber zwei Jahre, bis die Entscheidung darüber fiel. Dann erfuhren wir, dass er nur den sogenannten subsidiären Schutz erhalten hatte und uns nicht nach Deutschland holen konnte. Die Nachricht war für uns ein Schock. Zwei Jahre lang hatten wir jeden Tag darüber nachgedacht, wie unser Leben in Deutschland einmal aussehen würde.

Für meinen Mann kam es nicht infrage, dass ich auf eigene Faust mit den Kindern nach Deutschland nachkommen würde. Wir hatten viele Geschichten von Geflüchteten gehört, die in Griechenland oder in der Türkei festsaßen, im Mittelmeer ertrunken oder unterwegs entführt worden waren. Er überlegte, ob er an einen anderen Ort kommen könnte, vielleicht nach Erbil, die Hauptstadt der Autonomen Region Kurdistan im Irak. Das wiederum kam für mich nicht infrage. Die Kinder hatten schon genug unter dem Verlust ihrer Heimat gelitten und durch den Krieg wertvolle Jahre verloren.

Meinem Mann ging es in Deutschland immer schlechter. Einige Male war er wegen Stress und gesundheitlicher Probleme im Krankenhaus. Vor allem aber ging es mir um die Kinder: Es war einfach keine Option für mich, alle Pläne auf

Eis zu legen und ihnen zu sagen: »Wir gehen jetzt doch nicht nach Deutschland. Papa kommt wieder zurück.« Das wäre verheerend für sie gewesen.

Die Entscheidung, wie es weitergehen sollte, musste ich allein treffen. Ich konnte mit niemandem darüber sprechen. Im Nachhinein war für mich der schwierigste Teil meiner Reise, dass ich meine Familie nicht in die Entscheidung darüber einbeziehen konnte, ob ich diesen Schritt, auf eigene Faust nach Deutschland zu kommen, wagen sollte oder nicht. Damals war ich nicht so stark wie heute. Vor meiner Heirat hatte mein Vater alle Entscheidungen für mich und mein Leben getroffen. Später tat das mein Mann. Wenn man so will, ist das ein orientalisches Lebensmodell: Irgendjemand ist für dich als Frau oder sogar als Mutter verantwortlich. Aber an diesem Punkt hatte ich keine andere Wahl, als selbst die Führung zu übernehmen. Ich musste es einfach tun. Wenn ich an diese Situation zurückdenke, weiß ich ehrlich gesagt nicht, wer damals die Entscheidung getroffen und alle Risiken in Kauf genommen hat, zusammen mit den Kindern nach Deutschland zu kommen. Für mich ist es immer noch unvorstellbar, dass das wirklich ich war.

Ich kontaktierte einen Schleuser. Ob er vertrauenswürdig war, wusste ich nicht. Aber ich hatte keine andere Wahl, als ihm mein Schicksal, mein Leben – alles – in seine Hände zu legen. Der Plan war, von ihm telefonisch Anweisungen über unseren Reiseplan zu erhalten. Meinem Mann erzählte ich nichts davon. Und zu den Kindern sagte ich nur: »Ich habe einen Plan. Fragt nicht so viel. Vertraut mir einfach, dass wir bald dort sein werden. Viel Spaß auf der Reise!« Ich versuchte, ihnen vorzuspielen, dass alles in Ordnung war, um ihnen die Reise so angenehm wie möglich zu machen. Sie erfuhren erst im Nachhinein, dass wir mit gefälschten Papieren unterwegs gewesen waren. Wenn wir jetzt daran denken, lachen sie darüber. Das mag ich daran. Ich räumte unser Haus in Tartus und verschenkte alles, was wir nicht brauchten, an Freunde. Dieses Mal war es anders als bei unserem Weggang aus Aleppo, wo ich alles zurückgelassen hatte, weil ich dachte, wir würden wieder zurückkommen. Es gab nur einen Weg, und er führte nach Deutschland.

Es gab viele Vorschläge für unsere Route. Aber die meisten davon fand ich zu gefährlich. Zum Beispiel hätte ich zusammen mit den Kindern einen Fluss überqueren müssen, und das im Winter. Wer weiß, ob wir das überlebt hätten. Eine andere Option war, von der Türkei aus übers Mittelmeer zu fahren. Wer weiß, was dort passiert wäre. Ich entschied mich für eine Route, auf der wir mehrere Flughäfen passieren und an jedem Flughafen die Reisedokumente austauschen würden. Im schlimmsten Fall hätte man uns an einem Flughafen erwischt und zurück nach Syrien geschickt. Das war zwar kompliziert und sehr teuer, aber die sicherste Lösung.

Unsere Reise dauerte fast drei Monate. Sie führte uns von Tartus nach Beirut, von Beirut nach Erbil, von Erbil in den Sudan, vom Sudan nach Katar und von dort nach Deutschland. An jeder Station bekam ich einen neuen Reiseplan für uns. Den Schleuser trafen wir nie persönlich. Er rief mich auch nur mit einer unterdrückten Nummer an. Ich konnte ihn also nicht von mir aus kontaktieren, sondern bekam lediglich Anweisungen, die ich befolgen musste, ohne sie zu hinterfragen. Zum Beispiel nannte er mir ein Taxi mit einem bestimmten Kennzeichen, das wir am Flughafen nehmen sollten. Am Flughafen schickte er Leute, die uns die Pässe abnahmen.

Wir wussten außerdem nie genau, wie lange wir an den verschiedenen Stationen bleiben würden. In Erbil blieben wir fast zwei Monate lang. Vorher hatte mich der Schleuser nur darüber informiert, dass wir dort ziemlich lange warten müssten. Im Sudan rief er mich fast eine Woche lang nicht an. Das war ziemlich unheimlich: Wir waren an einem uns völlig fremden Ort, kannten keinen Menschen, und niemand wusste, wo wir waren. Während unserer Reise übernachteten wir an den unterschiedlichsten Orten: in Hotels, in einer gemieteten Wohnung oder auch am Flughafen.

Dabei gab es immer wieder stressige Situationen. Im Sudan waren wir einmal so verspätet, dass wir es fast nicht zum Flugzeug geschafft hätten. Und am Flughafen in Katar wollte ich mich nach unserer Ankunft völlig übermüdet kurz hinsetzen, um einmal durchzuatmen, als plötzlich eine Frau auf mich zugerannt kam und rief: »Sie haben einen Rollstuhl bestellt?« In diesem Moment überkam mich die Angst, dass wir wieder zurückgeschickt werden könnten. Ich hatte das Gefühl, dass alle Polizisten und die Sicherheitsleute, die auf dem Flughafen herumliefen, in unsere Richtung kämen. Der einzige Gedanke, der mir in Situationen wie diesen durch den Kopf ging, war: Ich werde es schaffen. Wir werden bald dort sein.

Meine Kinder erwähnen heute noch Details unserer Reise und fragen mich: »Weißt du noch, als uns dieses und jenes passiert ist?« Ich kann mich dann oft nicht mehr erinnern. Das erkläre ich mir damit, dass ich damals extrem gestresst war und mein Gehirn davon so überwältigt war, dass es eine

Art schwarzes Loch gebildet hat, das alles aufsaugt. Aber natürlich werde ich nie vergessen, als wir uns als Familie endlich alle wiedersahen. Ich klopfte an die Tür, mein Mann öffnete, und wir standen vor ihm. Er hatte ja in der ganzen Zeit nichts von unserer Flucht gewusst. Es flossen bei uns viele Tränen, und es war für uns alle ein sehr tiefer, bewegender Moment.

Ich beantragte Asyl, aber auch wir bekamen zunächst nur den subsidiären Schutz. Es dauerte letztendlich anderthalb Jahre, bis der Antrag schließlich angenommen wurde und ich den Status eines Flüchtlings erhielt. Vor Gericht wollte man mir erst nicht glauben, dass wir wirklich den Weg, den ich beschrieb, genommen hatten. Fast alle anderen Flüchtlinge waren ja über die Balkanroute gekommen.

Bevor ich in Deutschland ankam, hatte ich mir ausgemalt, dass unser Leben in Deutschland so ähnlich sein würde wie in unserer Heimat: Ich hatte mir nette Nachbarn und Freunde vorgestellt, mit denen wir zusammen essen und Zeit im Garten verbringen würden. Die ersten Jahre in Fulda waren leider ganz anders. Wir wohnten in einem Haus mit drei anderen Parteien. In unserer Kultur ist es sehr wichtig, sich um seine Nachbarn zu kümmern: Man grüßt sie, bringt ihnen Essen vorbei oder lädt sie zu sich nach Hause ein. Aber in den drei Jahren, in denen wir im selben Haus wohnten, grüßten unsere Nachbarn uns kein einziges Mal zurück. Ein Nachbar wechselte sogar die Straßenseite, um mich nicht zu sehen.

Natürlich habe ich auch Geschichten über Geflüchtete gehört, die laut und nicht sehr ordentlich sind. Deswegen war es mir wichtig zu zeigen, dass wir anders sind. Wir haben nur zwei Kinder und sind wirklich eine sehr ruhige Familie. Ich habe unseren Nachbarn oft Essen vorbeigebracht –

syrische Gerichte, die normalerweise von allen sehr gern gegessen werden. Ich klingelte bei den Nachbarn und stellte ihnen das Essen vor die Tür, weil sie nicht öffneten. Sie stellten die Teller unangetastet wieder vor unsere Tür. Sie lehnten uns einfach ab. So war mein erster Eindruck in Deutschland, dass ich nicht erwünscht bin.

In der Nähe unserer Wohnung gab es einen Supermarkt, in dem ich manchmal auf dem Heimweg einkaufte. Und jedes Mal – wirklich jedes einzelne Mal – fragte mich die Kassiererin nach meinem Ausweis, meinem Bankkonto und meiner Unterschrift. Anschließend gab sie mir ein Papier zum Unterschreiben, um die Unterschriften miteinander zu vergleichen. Die Leute, die vor oder hinter mir standen, fragte sie natürlich nie danach. Das ging drei Jahre lang so.

Vom ersten Tag in Deutschland an hatten wir begonnen, Deutsch zu lernen. Die Kinder schliefen in den ersten Nächten erst mal nicht und ruhten sich nur drei, vier Stunden lang aus. In der übrigen Zeit lernten sie Deutsch. Ich hatte gedacht, dass es für mich einfach sein würde, einen Job als Englischlehrerin zu bekommen. Schon in der ersten Woche begann ich, mich zu bewerben. Ich wollte beweisen, dass ich auch in Deutschland die Person sein könnte, die ich in meiner Heimat gewesen war.

Bei meinem ersten Vorstellungsgespräch hatte ich schon das B1-Zertifikat dabei. Für mich war es ein Schock, als ich herausfand, dass mein Jobangebot darin bestand, in einem Restaurant als Abwäscherin zu arbeiten. Es hieß, ich könne nicht als Kellnerin arbeiten, weil ich nicht fließend Deutsch spreche. Dabei hatte ich so große Träume für mein Leben hier gehabt und wollte, dass meine Kinder stolz auf ihre Eltern sind. Ich war geschockt und hatte so schlimme Migräneanfälle, dass ich drei Tage im Krankenhaus behandelt werden musste.

Später habe ich gemerkt, dass ein Job in der Gastronomie in Deutschland etwas ganz Normales ist. Inzwischen würde ich auch akzeptieren, wenn meine Kinder das machen würden. Aber damals hatte ich eine andere kulturelle Wahrnehmung und war an einem anderen Punkt in meinem Leben. Ich wollte doch meine Karriere ausbauen und mich weiterentwickeln. Mein Mann schlug mir vor, noch einmal zu studieren. Interkulturelle Kommunikation und European Studies – ein bilinguales Masterstudium. Zunächst dachte ich: Jetzt ist er verrückt geworden! Ich bin fast vierzig Jahre alt. Wie soll ich in diesem Alter als Mutter von zwei Kindern noch meinen Master machen? In einem fremden Land, in einer neuen Sprache!

Ich ließ ihn aber einfach machen. Mein Mann fing an, Ansprechpartner zu kontaktieren, ließ meine Papiere aus Syrien schicken und sie übersetzen. Jeden Abend organisierte er etwas für meine Bewerbung. Eines Tages kam er mit einer großen Akte zurück. Er war so bewegt, dass er weinte: »Du hast die Zulassung für dein Master-Studium bekommen!« Er zitterte vor Glück. Und ich vor Angst. Ich weiß noch, wie ich zum ersten Mal vor der Hochschule Fulda stand und mir vorkam wie Maria aus »The Sound of Music«, die vor der Villa der Familie von Trapp steht und sich fragt, wie viele Herausforderungen auf sie zukommen werden. Ich stand vor dem Eingang und dachte: »Mein Gott, wie klein bin ich im Vergleich zu diesen Herausforderungen! Werde ich es schaffen?«

Als ich anfing zu studieren, hatten meine Kinder und ich bereits einige negative Erfahrungen gemacht. Ich hatte

Angst, auf Menschen zuzugehen, und wollte einfach nur meinen Master machen, und zwar so schnell wie möglich. In den Vorlesungen saß ich anfangs immer in der hintersten Ecke. Alle meine Kommilitonen hatten Laptops und konnten sehr schnell tippen. Nach zwei Wochen legte ich mir auch einen Laptop zu. Er war alt, und ich hatte Mühe, ihn überhaupt zum Laufen bringen. Aber ich wollte so gern sein wie alle anderen. Damals wurde mir schmerzhaft bewusst, wie groß der Abstand zwischen meinen Mitstudierenden und mir war. Wir lagen meilenweit auseinander. Trotzdem war ich glücklich. Weil ich feststellte, wie offen, herzlich und hilfsbereit meine Kommilitonen waren. Das Studium schloss ich in der Regelstudienzeit nach zwei Jahren ab.

Da ich in meinem Heimatland Englisch unterrichtet hatte und es immer noch liebe zu unterrichten, wollte ich auch nach meinem Master-Abschluss gerne unterrichten. Tatsächlich bekam ich auch einen Lehrauftrag als Dozentin für Wirtschaftsenglisch an der Hochschule Fulda. Für mich war es ein Traumjob. Aber wir entschieden uns dann als Familie dazu, aus Fulda wegzuziehen. Der Hauptgrund bestand in den vielen negativen Erfahrungen, die wir dort gemacht hatten. Ich hatte die Wahl zwischen einem guten Job und einem schlechten Leben. Oder einem guten Leben und der Aussicht auf bessere Chancen in der Zukunft. Also gab ich meine Stelle in Fulda auf.

Bonn mochte ich sofort. Bei meinem ersten Besuch in der Stadt dachte ich gleich, dass ich dort einmal leben möchte. Flüchtlinge dürfen in den ersten drei Jahren nicht umziehen, sondern müssen in der gleichen Stadt bleiben. Und ein Umzug geht auch nur mit einem Arbeitsvertrag oder Studienplatz in einer anderen Stadt. Meinem Mann gelang es tatsächlich, einen Arbeitsvertrag in Bonn zu bekommen, und wir konnten meine Mutter von Gelsenkirchen, wo sie ursprünglich untergebracht war, nach Bonn holen. Dafür sind wir sehr dankbar. Ich liebe Bonn und bin sehr froh, hier wohnen zu können. Leider kamen wir genau zu Beginn der Corona-Krise hier an, als alles zu war. Ich konnte aber nicht einfach zu Hause bleiben und meine Zeit verschwenden. Ich musste weitermachen. Und so entschied ich mich dazu zu promovieren.

In Fulda dachte ich, dass Deutschland niemals meine Heimat sein könnte, aber meine Einstellung dazu hat sich in Bonn geändert. Die Menschen sind wirklich freundlich. Ich habe jetzt tolle Nachbarn und sehr gute Freunde. Aber ich habe auch andere Erwartungen. Früher dachte ich, wenn ich auf Menschen zugehe, werden sie mir gegenüber genauso reagieren. Das erwarte ich jetzt nicht mehr. Ich bin nur noch nett. Ich tue einfach das Gute und Richtige ohne Erwartungen.

Ich versuche auch nicht mehr, mich vor anderen Menschen zu beweisen. Ich arbeite unabhängig und im Stillen, für mich und meine Familie. Ich will den Leuten nicht zeigen, wozu wir fähig sind – es sei denn, sie wollen es sehen. Das ist aber nicht immer der Fall, denn oft haben die Leute eine bestimmte Vorstellung, wenn sie hören, dass wir aus Syrien stammen. Meine Tochter wird zum Beispiel dieses Jahr ihr Abitur machen. Sie hat zurzeit einen Durchschnitt von 1,0 und möchte vielleicht Medizin studieren, ist sich aber noch nicht sicher. Neulich wurde sie gefragt, was sie nach dem Abitur machen möchte. Als sie sagte, sie wolle Medizin studieren, sagte ihr Gegenüber: »Physiotherapie!« Sie sagte:

»Nein, Medizin.« Er antwortete daraufhin: »Krankenpflege!«
Und sie sagte: »Nein, nein, Humanmedizin.« Und er: »Ah,
Altenheim!« Es ist diese Art von Schubladendenken, mit der
wir oft zu tun haben. Nämlich, dass wir bestimmte Abschlüs-
se oder Positionen einfach nicht erreichen können. Es ist
schwierig, aus diesem stereotypen Denken herauszukom-
men. Ich werde immer als Geflüchtete und als Syrerin vorgestellt. Auch wenn ich inzwischen die deutsche Staatsbürger-
schaft habe.

Ich habe einen Master-Abschluss, bin Doktorandin, arbeite nebenher und engagiere mich ehrenamtlich in der Flücht-
lingsbetreuung. Auf all das kann man stolz sein. Die versteck-
ten Kosten dafür sind aber sehr hoch. Vor dem Krieg hatte
ich im Vergleich zu heute ein entspanntes, friedliches Leben.
Daran denke ich oft zurück. Ich vermisse es jeden Tag. Mein
früheres Haus taucht regelmäßig in meinen Träumen auf.
Dort hatte ich zum Beispiel eine sehr schöne Bibliothek. Ich
vermisse meine Bücher sehr. Heute kaufe ich mir manchmal
dieselben Bücher nach. Aber ich habe einfach nicht mehr die
Muße, sie zu lesen. Manchmal lese ich ein oder zwei Seiten,
aber meistens kann ich mich dann nicht mehr konzentrieren,
weil mir so viele Dinge durch den Kopf gehen. Wahrscheinlich ist es das, was ich so sehr vermisse: innere Ruhe. Seelen-
frieden. Ich wünschte, ich könnte zurückgehen. Aber ich
glaube nicht, dass das jemals möglich sein wird.

Meine Kinder haben in Aleppo viel gespielt und gelacht.
Dieses sorglose Familienleben haben wir hier in Deutschland nicht mehr. Jetzt verlassen sie morgens um 6.30 Uhr das
Haus. Im Winter ist es noch dunkel, und sie kommen zurück, wenn es wieder dunkel ist. Manchmal sehen wir uns

nur eine halbe Stunde am Tag. Wenn sie nach Hause kommen, gehen sie in ihr Zimmer, um zu lernen. Und wenn sie noch Freizeit haben, verbringen sie diese lieber mit ihren Freunden. Meine Tochter hat vor, in einer anderen Stadt zu studieren, und mein Sohn wahrscheinlich auch. In unserer Heimat wären wir wahrscheinlich immer zusammengeblieben. Ich hatte in Aleppo sogar schon Häuser für sie in unserer Nähe gekauft. Hier lasse ich sie selbst wählen und entscheiden. Auch wenn ich weiß, dass sie hier eine bessere Zukunft haben werden, habe ich manchmal das Gefühl, meine Kinder an diese Unabhängigkeit verloren zu haben.

Auch die Dynamik in meiner Ehe hat sich verändert. Ich bin immer noch glücklich verheiratet und habe einen Ehemann, der mich sehr unterstützt. Ohne ihn wäre ich nicht an dem Punkt, an dem ich heute bin: Ich hätte nicht meinen Master gemacht, würde nicht promovieren und hätte auch nicht die Ambitionen, Professorin zu werden. Er ist wirklich der allerbeste Ehemann. Aber das Leben in Deutschland stellt uns vor viele Herausforderungen. Mein Mann war bis zum Krieg als Geschäftsführer in der IT-Branche tätig, zuletzt bei Apple. In Deutschland bewarb er sich monatelang, ohne darauf Rückmeldungen zu bekommen. Irgendwann hat er akzeptiert, dass er sich einen Job außerhalb seiner Branche suchen muss, um uns als Familie ernähren zu können. Er fand eine Stelle in einer SB-Bäckerei. Heute leitet er eine Filiale. Seine berufliche Situation in Deutschland ist aber bis heute nicht leicht für ihn – denn ein Teil seiner Persönlichkeit kommt hier einfach nicht zum Tragen.

Weil mein Mann hier so viel arbeitet, muss ich mich um viel mehr kümmern: Formalitäten, Einkäufe, Schulangelegenheiten, Entscheidungen. Manchmal frage ich ihn zu bestimmten Themen, aber seine Antwort ist oft: »Ich habe keine Zeit, darüber nachzudenken. Mach es einfach selbst.«

Mein Weg nach Deutschland hat mich verändert. Bei meiner Ankunft hatte ich das Gefühl, ein anderer Mensch zu sein. Zum ersten Mal in meinem Leben hatte ich etwas hinter dem Rücken meines Mannes getan und es nicht mit ihm geteilt. Ich musste stark sein, alle Entscheidungen selbst treffen und die Kinder beschützen. Als ich in Deutschland ankam, dachte ich: »Jetzt ist es endlich vorbei mit der Verantwortung! Mein Mann wird ab jetzt wieder die Führung übernehmen.« Aber so war es nicht.

Im Vergleich zu früher bin ich heute emanzipierter und selbstständiger. Ich kann aber nicht sagen, dass ich das immer genießen würde. Ich war auch in Syrien keine arme, unterdrückte Frau, die mit allem einverstanden war, was ihr Mann sagt. Wir haben auch damals eine Ehe geführt, in der wir alles miteinander besprochen und die Verantwortlichkeiten aufgeteilt hatten. Nur trage ich jetzt eine größere Verantwortung als früher und habe mehr Herausforderungen dazubekommen.

Manchmal mag ich nicht, wie ich geworden bin. Hier muss ich so stark und unabhängig sein. Ich kam hierher und musste mich neu erfinden. Ich habe sehr darum gekämpft, diesen neuen Charakter aufzubauen, und kämpfe jeden Tag weiter. Aber manchmal weine ich, wenn ich allein bin, weil es mir nicht leichtfällt, der Mensch zu sein, der ich jetzt bin.

Aber ich habe herausgefunden, dass ich in der Lage bin, meine Ziele zu erreichen. Der Master war nicht nur ein Abschluss für mich selbst, sondern auch für meine Kinder. Sie haben gesehen, wie ihre Mutter vorangekommen ist. Das motiviert sie, selbst genauso gut sein zu wollen. Als ich den Master geschafft hatte, wurde mir klar, dass ich wirklich die Person sein kann, die ich gern sein möchte. Ich bin glücklich über das, was ich in den vergangenen Jahren geschafft habe, auch wenn ich mir nicht sicher bin, ob ich wirklich mal einen guten Job bekommen werde. Das Leben hier wählt bestimmte Wege für dich, denen du folgen musst. Aber es hat mir auch eine Menge neuer Möglichkeiten eröffnet, an die ich früher nie gedacht hätte.

Wie eine neue Leidenschaft
den Alltag bereichert

Vielleicht muss ich nicht gleich alles auf den Kopf stellen. Aber ein bisschen Schwung reinbringen, ein abwechslungsreiches Leben führen, das wäre dann doch schön. Wie das gehen kann? Zum Beispiel mit einem Hobby. Das klingt zunächst wenig glamourös. Aber ist es nicht toll, wenn man Interessen jenseits von Beruf und Familie hat, wenn man etwas Neues lernt?

Olaf Müller hat gemeinsam mit drei Freunden einen Weinberg gepachtet – ohne davor groß Ahnung vom Weinbau zu haben. Wie ist er zu der neuen Leidenschaft gekommen?

Warum pachtet man einen Weinberg? Einfach als neues Hobby? Der Weinberg ist für mich eine Mischung aus einem schönen Produkt, einer sinnstiftenden Aufgabe und dem Wunsch nach einem Ausgleich zum Bürojob. Und natürlich hat unser Weinberg auch eine soziale Komponente. Allein wäre es nicht zu schaffen, viel zu viel Arbeit. Aber wir sind zu viert, gute Freunde, die zusammenarbeiten. Und das ist schön. Je älter man wird, desto vereinzelter werden die sozialen Kontakte, das geht sicherlich vielen so. Jeder hat seinen eigenen Arbeitsalltag, und man hat auch nicht mehr so viel

71

Energie. Die alten Freunde sieht man seltener. Durch das gemeinsame Projekt sehen wir uns nun regelmäßig, weil wir ja im Weinberg etwas tun müssen. Das ist herrlich!

Es hat zwei oder drei Jahre gedauert, bis wir fündig wurden und das geeignete Land fanden. Die Mutter unseres Verpächters hatte den Weinberg zur Hochzeit in den 60er Jahren bekommen. Ihr Mann ist schon lange verstorben. Sie hat den Weinberg mit ihren zwei Söhnen weiter bewirtschaftet. Die beiden sind nun selbst etwa Mitte fünfzig, gesundheitlich angeschlagen und können nicht mehr weitermachen. Ihre Lösung war zunächst typisch schwäbisch: Man lässt es lieber brachliegen, bevor man es jemandem gibt, der es dann nicht gut genug macht. Glücklicherweise hat die Familie sich durchgerungen, uns den Weinberg zu verpachten. Sie haben die alten Rebstöcke entfernt und uns den Weinberg unbepflanzt übergeben.

Vor zwei Wochen haben wir 350 neue Pflanzen eingesetzt. Für jede junge Rebe haben wir ein Loch gegraben, einentialb Spaten tief, und sie mit Naturdünger und Wasser ins Pflanzloch gesetzt. Die ersten winzigen Triebe sind nun schon sichtbar. Ab Mai geht es dann ganz schnell: Jede dieser Jungpflanzen wächst in diesem Jahr noch um mehr als einen Meter.

Weil die Pflanzen in den ersten Jahren noch klein und weniger betreuungsintensiv sind, kann man in dieser Zeit noch in die Winzerrolle hineinwachsen. Das ist gut. Wir lesen Bücher, schauen YouTube-Videos. Wir sind in der Winzergenossenschaft, wo man viele Weinbauern fragen kann. Wenn es das erste Mal ans Schneiden der Reben geht, holen wir uns Hilfe. Dann bitten wir einen Winzer, mal eine Stunde zu kommen und uns die Schnitte zu zeigen, damit wir nicht gleich alles falsch machen. Denn was man am Anfang falsch macht, kann man nur schwer wieder geradebiegen, wie bei einem Obstbaum auch.

Bis zur ersten richtigen Ernte dauert es aber noch zwei, drei Jahre. Auf unseren zehn Ar werden dann hoffentlich 1000 bis 1500 Kilogramm Trauben wachsen. Gepresst ergibt das ungefähr 700 bis 1100 Liter Wein. Zunächst wollen wir den aber gar nicht selbst ausbauen, sondern unsere Trauben der Genossenschaft verkaufen. Die karrt dann alle Souvignier Gris Trauben nach Baden und macht Wein in Bio-Qualität daraus. Wir sind zertifiziert und dürfen dementsprechend nur begrenzt nach ökologischen Richtlinien eingreifen.

Dass wir jetzt noch nicht so viel machen müssen, passt auch, weil wir alle noch arbeiten. Der Jüngste von uns vier ist 54, der älteste 61. In den nächsten Jahren gehen die Ersten von uns in den Ruhestand. Wenn die Arbeit im Weinberg mehr wird, haben sie also Zeit. Das war bewusst so gewählt. Wir wollten das Projekt nicht zu früh anfangen, sondern im Herbst oder Winter des Arbeitslebens. Ein klein wenig Winzer-Erfahrung hatte ich schon: Zusammen mit einigen Freunden bewirtschaftete ich nach dem Abitur für zwei Jahre einen Weinberg. Ein Jahr lang waren wir sehr ökologisch unterwegs und haben nur mit Brennnesseljauche gedüngt. Mit dem Effekt, dass fast alle Trauben verfault und verschimmelt sind. Im zweiten Jahr lernten wir dazu. Wir düngten herkömmlich und spritzten gegen Mehltau, und am Ende hatten wir rund 600 Liter Wein. Das hat wahnsinnig viel Spaß gemacht, aber dann fingen alle an zu studieren oder zogen aus anderen Gründen weg, und wir gaben den Weinberg wieder auf. Die

Idee, dranzubleiben, war bei mir aber immer präsent. Es war immer klar, dass ich das noch machen will. Weil es jedoch richtig viel Arbeit ist, kann man das mitten im Berufsleben schlecht nebenbei machen.

Vor drei, vier Jahren dachte ich dann: Das wäre doch jetzt ein cooles Projekt. Zuerst sprach ich die Idee mit meinem Bruder durch, dann mit anderen Freunden. Als ich den Weinberg schließlich fand, entschieden wir uns schnell: zwei Telefonate, eine Besichtigung, und dann haben alle gesagt: »Mega. Das machen wir auf jeden Fall.«

Wir wohnen alle in der Nähe und fahren nur etwa eine Viertelstunde zum Weinberg. Die Lage ist schön: ein Vulkanhügel, Lehmböden. Weinbau ist hier nichts Ungewöhnliches, es gibt eine große Genossenschaft. Es ist keine Spitzenlage, aber steil und sonnig, grasig ist es auch, was gut ist, weil wir so gleich mit Gründünger für die Pflanzen versorgt sind. Wir bearbeiten den Weinberg nicht maschinell, sondern machen alles händisch – nur einen ultrateuren Rasenmäher haben wir uns geleistet, der an diesem steilen Hang funktioniert.

Beruflich leitet Olaf gemeinsam mit seinen beiden Geschäftspartnern eine Sprachschule, die Sprachtrainings für Manager und Unternehmen anbietet. Er selbst und auch seine Kunden haben oft einen straffen Zeitplan, arbeiten viel.

Schon immer war ich ehrgeizig, wollte in meinem Metier erfolgreich sein, arbeitete extrem viel und sehr ambitioniert. Ich hatte auch Erfolg und erreichte ein Niveau, das ich eine Weile halten konnte. Damit kam auch materieller Wohlstand. Aber irgendwann war es Routine. Ich dachte: Olaf, du kannst es, du hast Erfolg, und jetzt? Du brauchst eigentlich nicht mehr. Jeder hat ja so ein Level, das er gerne haben würde. Bei mir ist es nicht so, dass ich ein dickes Auto fahren oder in superteure Hotels gehen muss. Ich bin keine extrem materiell orientierte Person. Ich esse und trinke aber gern gut, und dafür gebe ich Geld aus. Und ich reise gerne, aber wir gehen meist mit unserem VW-Bus auf Campingplätze, das ist nicht so teuer. Vor ungefähr zehn Jahren habe ich dann überlegt: Was kommt da noch? Will ich eine Filiale gründen und dann doppelt so viel Geld verdienen? Aber zu welchen Kosten? Noch mehr Zeit? Das war nicht in meinem Interesse.

Für meinen beruflichen Alltag brauche ich sehr viel Energie. Gleichzeitig finde ich Gewohnheiten schwierig. Meinen Job mache ich nach dreißig Jahren immer noch gerne, er ist auch einigermaßen sinnstiftend. Aber um ein ausgefülltes Leben zu haben, muss ich diese Routinen durchbrechen. Ich finde, Gewohnheiten machen dich als Menschen träge und satt, und mich latent unzufrieden. Der Kick fehlt dann. Routinen befriedigen mich auf Dauer nicht. Das ist wahrscheinlich bei den meisten Menschen so, bei mir sind eben die Intervalle kürzer. Ich lebe eine Weile vor mich hin, dann merke ich, dass eine innere Unzufriedenheit aufkommt. Mein Leidensdruck, etwas zu verändern, wird schnell groß. Und dann verändere ich eben Dinge. Das ist ein Vorteil meiner Persönlichkeit: Ich bin entscheidungsfreudig und kann schnell sagen, was ich will und was nicht. Und ich rede dann nicht nur davon, sondern setze es auch um. Ich habe schon vieles gemacht. Reichlich Sport, Triathlon, Wandern, ich fahre immer noch viel Rad. Und Segeln, das ist auch ein super Sport. Es gibt noch viel anderes, was ich gerne noch machen würde. Hühner und neuseeländische Kunekune-Schweine halten zum Beispiel. Kunekune werden auch in ökologisch betriebenen Weinbergen in der Champagne gehalten, weil sie das Unkraut in Zaum halten, aber den Kopf nicht so weit nach oben recken können, dass sie an die Trauben kommen. Eine solche Allzweckwaffe, die hätte ich als Winzer auch gerne. Kunekune hätten einen schönen Ausblick hier!

Erst ist es ein bisschen, wie wenn man frisch verliebt ist: Man hat ein neues Hobby, das man anfangs sehr gern macht. Über die Zeit sieht man dann, dass es mit hohen Transaktionskosten verbunden ist. Einige Jahre lang hatte ich zum Beispiel mit meinem Bruder zusammen ein Segelboot am Bodensee. Das war super. Aber dann haben wir gemerkt: Nach einer langen Arbeitswoche stand am Freitag die zweieinhalbstündige Fahrt zum Bodensee an, und dann war kein Wind. Man konnte keine Termine mit anderen Freunden mehr ausmachen, weil man dauernd dachte: Vielleicht fahren wir da an den Bodensee. Die negativen Punkte haben sich summiert. Irgendwann war die Kosten-Nutzen-Rechnung dann nicht mehr gut, also mussten wir eine Entscheidung treffen. Wir haben das Boot schließlich verkauft. Reflexion ist mir wichtig. Ich schaue öfter auf mein Leben und gucke, ob es noch so passt. Und wenn nicht, ändere ich das, was nicht mehr passt. Man muss natürlich realistisch bleiben – ich würde auch gern fünf Jahre lang eine Weltreise machen, das geht natürlich nicht. Aber ich überlege: Was stellt mich zufrieden und was nicht?

Es kommt natürlich immer auf die Lebensphase an, in der man ist. Junge Eltern haben nicht so eine riesige Entscheidungsfreiheit. Man hat Verantwortung für die Kinder, muss Geld verdienen, man ist nicht so flexibel und muss einfach funktionieren. So war es bei uns auch. Meine Frau Kay hatte einen Schlaganfall mit Anfang dreißig, dessen Folgen uns bis heute beschäftigen. Ich bin extrem lösungsorientiert, im Beruf und in der Freizeit und versuche, die Dinge anzugehen. Ich stelle mir immer die Frage: Wie erreiche ich größtmögliche Zufriedenheit? Je nachdem, welcher Typ eine Person ist, wird der Weg zur Zufriedenheit unterschiedlich aussehen: Es gibt Leute wie mich, die müssen immer viel machen. Und dann gibt es Leute, die auch mit sehr viel weniger zufrieden sind. Solange man damit im Reinen ist, ist es doch in Ordnung. Das Problem ist eher, wenn jemand unzufrieden ist, aber nicht in der Lage, die Unzufriedenheit abzustellen. Ich nenne diese Leute Konjunktiv-II-Menschen, die immer sagen: »Hätte ich nur dies oder das gemacht, als ich es noch konnte.« Mein Ding ist das nicht. Versuche ich, ihnen Lösungsansätze zu zeigen und zu diskutieren, sagen sie oft: »Super Idee.« Aber sie setzen es nicht um. Um etwas zu ändern, braucht man immer Kraft und Mut, dass es anders wird. Und eine positive Grundeinstellung im Leben. Ich habe auch Ängste und Sorgen, aber versuche, sie zu analysieren und bewusst dagegen anzugehen. Und, ohne naiv zu sein, hoffnungsvoll zu bleiben.

Bei vielen in meinem Alter sehe ich: Too young to die, too old rock 'n'roll. Das verstehe ich nicht. Wenn man das Arbeitsleben fast hinter sich hat und ein neuer Abschnitt kommt, frei zur neuen Gestaltung – das ist doch ein super Alter! Das ist ein Traum! Die Frage ist: Was will ich mit meiner Zeit und meiner Kraft machen?

Wir leben ja in einer hoch individualisierten Gesellschaft, jeder schaut auf sich selbst. Inzwischen gefallen mir Dinge, die mehr sind als nur materielle, individuelle Befriedigung. Sondern bei denen was Höheres mitspielt. Beim Weinberg ist das zum Beispiel die soziale Funktion. Man verbindet die Freundschaft noch stärker, man lebt sie durch die gemeinsame Arbeit aus. Arbeiten in der Natur, eine Kulturlandschaft pflegen – das hat auch etwas Sinnstiftendes. Das ist mehr, als ich als Individuum bin. Das sagt mir zu. Und es tut mir gut, weil ich die Freiheit habe, mich nicht mehr so stark um mich selbst kümmern zu müssen. Ich bin materiell einigermaßen frei und auch von der Arbeitsverantwortung her werde ich freier, es ist viel mehr Platz dafür.

Und dann schaue ich auf diesen Vulkanhügel hier, wo viele Jahrzehnte Weinbau betrieben wurde. Dann kauften sich hier wohlhabende Städter ein Wochenendgrundstück und nutzten es nie. Dadurch ging viel von dieser Kulturlandschaft kaputt, ähnlich wie bei Streuobstwiesen, die nicht genutzt werden. Die muss man halt pflegen.

Weil ich den ganzen Tag im Büro sitze und selbst keinen großen Garten habe, hatte ich den Wunsch, mehr draußen und mit den Händen zu arbeiten. Wenn man im Büro sitzt, sieht man das Ergebnis dieser Arbeit nicht so sehr, hier aber schon: Der Weinberg war leer, jetzt wachsen hier Pflanzen. Und in drei Monaten ist alles voll mit Trieben und Blättern. Handwerker zu sein, hätte mir deshalb immer gut gefallen, auch wenn das vielleicht eine romantische Vorstellung vom Beruf ist. Aus Nichts etwas zu machen, räumlich, plastisch – das finde ich schön.

Beim Weinberg gibt es auch einen Return on Investment: den Wein. Man kann etwas ernten und am Ende trinken. Da kann man sich einfuchsen, etwas Neues lernen. Man bekommt neuen Input, Impulse, spürt das Leben dann. Wein kann nach allem schmecken, da finden sich hundert verschiedene Früchte wieder. Das finde ich spannend, und ich hatte Lust, mehr darüber zu wissen. Wenn man ein neues Interesse hat, muss man von vorne anfangen, wie ein Kind. Wenn ich etwas Neues lerne, hält mich das wach und rege.

Aber noch besser ist es, das Gelernte umzusetzen. Dann sieht man Teile der Welt anders an. Wenn ich im Urlaub durch einen Weinberg schlendere, hätte ich früher gesagt: Sieht schön aus. Jetzt gehe ich an die Pflanze, gucke: Wie schneiden die? Man lernt etwas kennen, wofür man vorher keinen Blick hatte.

In unserem Leben sind wir aus so vielen Zusammenhängen herausgerissen. Die meisten Menschen kaufen sich im Supermarkt eine Flasche Wein. Das ist mit vielen Sachen so – Nahrungsmittel, Möbel, Kleidung. Von den Dingen, die wir benutzen, machen wir ja das Wenigste selbst. Dabei geht aber etwas verloren: Menschen fällt es immer schwerer, große Zusammenhänge und Ursächlichkeiten zu erkennen. Das ist schade und auch schädlich. Klamotten zum Beispiel – wir kaufen uns ein T-Shirt, obwohl wir schon dreißig haben. Das wurde dann oft in Bangladesch hergestellt, wo die Abwässer aus den Fabriken die Flüsse vergiften und Kinder schuften müssen. Aber wir sehen das hier nicht, spüren die Auswirkungen nicht. Kennt man Zusammenhänge, lebt man bewusster, verzichtet stärker und lebt wertschätzender. Zumindest geht mir das so. Wenn man selbst Gemüse anpflanzt und weiß, wie langsam das wächst, wundert man sich schon, wie ein Kilo Karotten zwei Euro kosten kann. Das mag ich am Weinberg: Er stellt Zusammenhänge her.

Wie können wir uns verändern?

Endlich regelmäßig joggen gehen, gesünder frühstücken, nicht mehr so schnell beleidigt sein: Vielen von uns fällt es schwer, etwas zu ändern, schon im Kleinen. Vielleicht würde es helfen, das Wesen von Veränderung besser zu verstehen, um sie selbst irgendwann besser umsetzen zu können? Vielleicht gibt es ja so etwas wie einen Bauplan für Veränderung oder immer gleiche Stolperfallen. Und mit mehr Wissen darüber auch mehr Potenzial, Veränderung umzusetzen.

Wie im Wirtschaftsumfeld Veränderungen umgesetzt werden, weiß Klaus Eidenschink. Er ist Experte für Veränderung – für Unternehmen. Seine Erkenntnisse helfen auch unserer persönlichen Lebens-Organisation. Denn auch wir haben immer eine Menge zu optimieren, zu entscheiden und, ja, auch zu verändern.

Klaus Eidenschink berät und coacht die Entscheider von großen und mittelständischen Unternehmen zum Thema Change-Management, in der Bewältigung von Konflikten und in komplexen Entscheidungssituationen. Er ist Organisationsberater, Coachingausbilder und Autor. Seit drei Jahrzehnten erforscht Eidenschink, wie Personen, Gruppen und Organisationen sich verändern und warum Veränderungsversuche so oft schiefgehen.

Herr Eidenschink, Sie sind Change-Experte. Woher weiß man, in welche Richtung Veränderung gehen soll?

Streng genommen ist es gar kein Wissen. Wenn ich mir etwas vornehme – sei es als Person, als Gruppe oder als Organisation –, ist das immer eine Entscheidung. Und ob diese Entscheidung gut oder schlecht ist, entscheidet die Zukunft. Das ist auch ein Grund, warum Organisationen Beratung suchen. Denn in Organisationen wird etwas besonders deutlich, was das Leben allgemein kennzeichnet: Wir alle müssen ununterbrochen mit Unsicherheit umgehen. Im Prinzip jeden Tag.

Diese Unsicherheiten sind aber nicht immer gleich schwerwiegend.

Sie können kleiner oder größer sein. Als Unternehmen kann man sich überlegen, ob das Getriebe, das ich ins Auto baue, sieben oder acht Gänge haben soll. Oder ob ich in Zukunft lieber Elektroautos produziere, die gar keine Getriebe mehr brauchen. Aber alle diese Entscheidungen sind am Ende mit Unsicherheit behaftet. Und Organisationen sind wie alle Systeme davon abhängig, Unsicherheiten zu reduzieren oder zumindest vorübergehend in Sicherheit zu verwandeln. Darüber gibt es jedoch kein Wissen, sondern immer nur mehr oder weniger valide Wahrscheinlichkeiten. Und dadurch entstehen Konflikte. Denn die Einschätzung von Wahrscheinlichkeiten ist sehr unterschiedlich. Sie ist abhängig von den psychischen Systemen in Organisationen, von Ängsten, die damit einhergehen, oder von dem, was man Risikobereitschaft nennt.

Wie löst man solche Konflikte?

Lösen kann man sie gar nicht. Man kann sie nur bearbeiten und regulieren. Um die untilgbare Unsicherheit in Organisationen zu bewältigen, braucht es Kommunikation, die Entscheidungen herbeiführt. Entscheidungen sind in Organisationen dann nötig, wenn man gleichwertige Alternativen hat – also eigentlich immer. Wenn ich Sie frage, ob Sie lieber einen Liter Rindergülle oder eine Radlermaß trinken wollen, müssen Sie keine Entscheidung treffen. Sondern dann, wenn Sie zwei Getränke vor sich haben, die Ihnen gleich gut schmecken. Gleichzeitig ist eine Entscheidung für etwas auch eine Entscheidung gegen etwas. Und dadurch sind Entscheidungen immer kritisierbar, weil man auch die verworfene Alternative hätte wählen können. Wenn man sich diese Eigenschaften von Entscheidungen anschaut, wird schnell klarer, dass Konfliktarbeit der Kernprozess jeder Organisation ist.

Was tun Sie, wenn Ihnen bei Ihrer Arbeit Möglichkeit C begegnet: Dass man gar nichts entscheidet?

Sich nicht zu entscheiden, ist auch eine Entscheidung für irgendetwas, dessen Folgen man sich vielleicht nicht klarmacht oder nicht wahrhaben möchte. Man denkt, wenn man nichts entscheidet, bliebe alles so, wie es ist. Aber gerade Organisationen haben unendlich viele Abhängigkeiten von unterschiedlichen Umwelten, die sie nicht einfach stabil halten können. Und spätestens, wenn der Gesetzgeber die Vorgaben ändert, muss man handeln. Das erkläre ich den Entscheidern.

Oft kommen Organisationen zu Ihnen, wenn der Karren im Dreck steckt. Ist das denn immer der gleiche Dreck?

Darüber, ob der Karren im Dreck steckt und auf welche Weise, kann es in sozialen Systemen unterschiedliche Meinungen geben. Egal, ob das Organisationen sind, Familien oder Vereine. Manchmal sind sich sogar Paare uneins, ob die Ehe gut ist oder nicht.

Organisationen suchen aus Konflikten heraus Beratung. Das können die unterschiedlichsten Konflikte sein: Ob man sich nicht einigen kann, wie man den Umsatz erhöht oder welches Sparprogramm man aufsetzen sollte. Ob jemand richtig oder falsch in seiner Funktion ist. Ob das Produkt tauglich ist oder ein Millionengrab. Über Fragen wie diese gibt es häufig Konflikte. Häufig – das sage ich deshalb, weil es natürlich Ausnahmen gibt. Wenn scharenweise Leute kündigen oder die Insolvenz droht, ist es in der Regel weniger fraglich, dass es ein Problem gibt. Aber dann ist oft immer noch strittig, was man tun muss, um das Problem zu lösen.

Was ist dann Ihre Aufgabe? Sagen Sie den Leuten, wie es geht?

Es gibt unendlich viele Formen von Organisationsberatung. Und natürlich gibt es da viele Berater, die mit Expertenwissen in die Organisation gehen und sagen, wie man etwas aufsetzt oder organisiert. Das Problem wird in diesen Fällen darin gesehen, dass ein Wissensmangel in der Organisation herrscht.

Ich gehöre zu denen, deren Hauptversprechen ist, erstmal gemeinsam mit dem Team der Organisation das Problem zu bestimmen. Denn häufig besteht ein Teil des Problems darin, dass man sich in der Identifizierung des Problems irrt. Ich nehme nochmal das Ehebeispiel. Es gibt Eheberater, die sagen: Ihr müsst einfach besser zuhören. Und dann wird Zuhören eingeübt. Das kann im Einzelfall schon das Problem sein. Aber das Nichtzuhören kann auch ein Symptom davon sein, dass die Menschen so entfremdet nebeneinander leben, dass sie einander nichts Wesentliches oder Sinnstiftendes zu erzählen haben. Und wenn das Sendematerial schon nicht stimmt und mich nur langweilt, was der andere sagt, ist nicht zuhören eine sinnvolle Reaktion. So ist es in Organisationen auch: Man denkt, es liegt an der schlechten Führungskraft oder dem problematischen Mitarbeiter oder dass man zu teuer beim Lieferanten einkauft. Aber ob das tatsächlich die passende Problembeschreibung ist, die man dann anschließend zu lösen hat, ist sehr häufig etwas, das man mal überprüfen muss.

Wie kommt man dem zugrunde liegenden Problem auf die Spur?
Man braucht dazu etwas, was man in der Erkenntnistheorie Heuristiken nennt. Also gedankliche Konstrukte, die man sich anschauen muss. In der Medizin zum Beispiel fragt einen der Arzt irgendwelche Sachen, und man weiß gar nicht so genau, warum er das alles in dieser Kombination wissen möchte. Aber in ihm gibt es eine Theorie vom Skelett, von den Organen, dem Blutkreislauf und so weiter. Und diese bringt die Information, ob ich viel oder wenig Salz esse in Zusammenhang mit dem Blutdruck. Genauso muss man als Organisationsbe-

rater auch ein Bild davon haben, wie eine Organisation funktioniert und was da funktional und dysfunktional sein kann.

Die meisten Chefs möchten gute oder zumindest keine schlechten Entscheidungen treffen. Warum geht das so oft schief?

Es kommt in Unternehmen immer wieder vor, dass keine oder nicht zufriedenstellende Entscheidungen getroffen werden oder solche, die im Nachgang wieder zurückgenommen werden, sodass Prozesse nicht wirklich abgeschlossen sind. Deshalb ist es sehr wichtig, dass man sich vorher klarmacht, wer denn die Verlierer sind und ob sie hinterher die Entscheidung bekämpfen. Welche Ängste sind im Spiel, welche unrealistischen Hoffnungen, wie realistisch sind die Ressourcen- und Kompetenzannahmen, die hinter der Entscheidung stehen? Etwas zu wollen und etwas zu können, und dann das Geld dafür zu haben, es umsetzen zu können – das sind völlig unterschiedliche Dinge.

Schwierig wird es auch oft, wenn man Abstriche machen muss und nicht umsetzen kann, was man gerne will.

Viele versuchen, nicht zu entscheiden, und sagen zum Beispiel: Wir haben die beste Qualität und sind auch die Schnellsten. Aber das ist nicht so schlau, denn die, die dann nur schnell sein wollen, sind schneller als die, die alles sein wollen. Und die, die nur auf Qualität setzen, sind besser als die, die gleichzeitig auch noch schnell sein wollen. Weil Menschen am liebsten alles optimieren und keinen Preis für ihre Entscheidung bezahlen wollen, kommt es häufig zu ungünstigen Kommunikationsmustern. Letztlich sind Organisationen immer soziale Systeme, die Mangel verwalten. Man kann jeden Euro nur einmal ausgeben. Und da sind Konflikte vorprogrammiert, im Umgang mit Knappheit.

Wie macht man von der Problembeschreibung weiter – man sammelt Informationen, erkennt das Problem, und dann?

Häufig weiß die Organisation dann, wie sie weitermacht. Solange man nicht weiß, ob man sich trennen will oder nicht, hängt man zwischen Baum und Borke, grübelt, hat schlaflose Nächte. Kann man diese inneren Konflikte, die einen in die eine oder andere Richtung bringen, alleine so gut bearbeiten? In der Regel nicht. Um herauszufinden, warum man überhaupt in einem inneren Konflikt ist im Hinblick auf die bestehende Beziehung, das ist häufig eine Black Box für die Betroffenen selbst, und so ist das in Organisationen auch.

In dem Moment, wo man entschieden hat, dass man sich trennen will, weiß man, was man zu tun hat: Man geht zum Scheidungsanwalt, meldet sich bei einem Dating-Portal an – so etwas muss ich dann dem Klienten oder der Klientin nicht mehr sagen, das ist dann irgendwie klar. Und wenn eine Organisation feststellt, dass das Problem an mangelnder Kommunikation miteinander lag oder daran, dass die falschen Leute miteinander sprechen, dann ändert man die Meetingstruktur. Dabei kann ich als Berater schon helfen, aber in dem Moment, in dem der Zweck klar ist, sind Organisation häufig selbst in der Lage, die Mittel dafür zu finden.

Man entscheidet ja oft nicht für sich alleine. Wenn der Chef oder die Chefin entscheidet, betrifft das auch die

Mitarbeitenden, die sich bei unliebsamen Entscheidungen beschweren könnten oder unzufrieden werden. Wie gewinnt man da Handlungsspielraum für Veränderung?

Als ob es für eine Führungskraft ein sinnvolles Ziel sein könnte, alle zufriedenzustellen! Das ist natürlich Unsinn! Wenn es zwei gute Alternativen gibt, ist bei einer Entscheidung ja immer jemand enttäuscht. Organisationen sind Enttäuschungsgeneratoren. Wenn eine Führungskraft ihr Wohlbefinden oder ihre Entscheidungen danach ausrichtet, ob alle zufrieden sind, dann ist das per se einer der schlechtesten Vorsätze, die man überhaupt haben kann. Auch von der anderen Seite: Wenn ich in eine Organisation eintrete, muss mir klar sein, dass ich mit vielen Entscheidungen, die ich persönlich anders getroffen hätte, zurechtkommen muss. Zu glauben, Organisationen könnten sich so aufstellen, dass Mitarbeitende total zufrieden sind, ist eine vollkommene Illusion.

Es kann einem als Chef also egal sein, wenn die Mitarbeiter unzufrieden sind?

Nein, denn sonst laufen sie einem davon. Das Handeln in Organisationen ist also immer auch ein Abwägen von Übeln. Und dann brauche ich eine Idee, wie ich in Situationen vorgehe und wie ich mich der Kritik stelle, wenn es darum geht, das kleinere Übel zu wählen und nicht unbedingt das größere Gut. Man kann Unzufriedenheit natürlich abmildern, indem man die Gründe für eine Entscheidung offenlegt.

Woran merkt man, dass es Zeit wäre, eine Veränderung anzuschieben?

In der Regel kommt der Veränderungsdruck aus der Umwelt, nicht aus dem jeweiligen System. Für ein System gibt es keinen Grund, etwas anders zu machen, solange alles läuft. Nun kann man eine Organisation nicht nur als ein System, sondern man muss es mit seinen Subsystemen sehen. Die Produktion kriegt Veränderungsdruck, weil der Vertrieb sagt: Wenn ihr die Produkte nicht mehr stärker individualisieren könnt, können wir nichts mehr verkaufen. Der Druck, etwas zu verändern, entsteht durch Anpassungsnotwendigkeit an veränderte Außenbedingungen. Und selbst das Anliegen, den Umsatz zu verdoppeln oder in Zukunft global und nicht nur in Europa zu verkaufen, ist eine Reaktion auf Opportunitäten, auf Möglichkeiten und in dem Sinn auch eine Anpassung an Umweltbedingungen.

Wie macht man Unternehmen innovativer und flexibler?
Das ist ein weites Thema. Ich grenze es mal auf einen Punkt ein, der oft übersehen wird. Viele Berater sind freiheitsliebende Menschen. Deshalb sind sie Berater geworden, weil sie nicht in einer Organisation arbeiten wollen. In Organisationen arbeiten häufig sehr sicherheitsliebende Menschen, die das gut finden, wenn sie einen abgesteckten Verantwortungsbereich haben, darum sind sie in Organisation. Es gibt gar keinen Grund, Menschen dafür zu kritisieren, wenn sie lieber mehr Sicherheit als Freiheit haben wollen. Jetzt kommen die Organisationsberater aber mit lauter Konzepten, die mehr Freiheit, mehr Agilität, mehr Entscheidungsspielraum, mehr Verantwortung, mehr Konflikte untereinander fördern. Das sind gute Konzepte – für freiheitsliebende Menschen. Wenn man andererseits dem Berater sagt, jetzt regle mal deine Beratungswelt, du brauchst vier weitere Zertifikate,

damit sichergestellt ist, dass die Kunden bei dir an einer guten Adresse sind, dann wird der aufstöhnen und das für gar kein gutes Konzept halten. Veränderung funktioniert nicht nach Rezept. Es ist kein Malen nach Zahlen. Jeder gute Koch weiß, dass es nicht schadet, wenn man ein Rezept hat. Aber wenn man nur stur nach Rezept kocht, schmeckt man das am Ende. Es schmeckt dann halt nicht so gut. Darum: Es ist für Organisationen nicht immer sinnvoll, flexibler zu werden!

Außer einer Angst vor Gegenwind, was hindert Veränderung noch?
Wenn man von den Mitarbeitern, den Organisationsmitgliedern her denkt und nicht organisationstechnische Fragen in den Vordergrund stellt, ist es für Veränderungen hinderlich, unangenehme Gefühle vermeiden zu wollen.

Tut Veränderung denn immer weh?
Weh ist vielleicht zu einseitig auf Schmerz fokussiert, aber Veränderung ist häufig unbequem. Sie kann Angst machen. Dann kommen Schamgefühle, weil ich etwas können muss, was ich bislang nicht kann und mich dann anstelle wie ein Depp. Zum Beispiel, weil ich eine neue Software bedienen muss oder weil ich auf einmal in englischsprachigen Meetings sitze. Es kommen soziale Ängste, weil ich mit neuen Leuten zusammenarbeiten muss, die ich vielleicht nicht mag. Ich muss mit Aggressionshemmung zurechtkommen, weil ich in der neuen Aufgabe vielleicht weniger frei gestalten kann als vorher. Das ist die eine Seite. Wenn Veränderung nur unangenehme Gefühle hervorrufen würde, würde aber überhaupt nichts passieren. Denn die einfachste Art, die Unsicherheit der

Welt zu bearbeiten, ist, kurzerhand das weiterzumachen, was man bislang schon gemacht hat. Sich an der Vergangenheit zu orientieren, ist für jedes System erst einmal die einfachste Möglichkeit, Orientierung zu finden. Das hat Vorteile, aber bekanntermaßen auch Nachteile. Darum ist Veränderung in sich ein paradoxes Phänomen, das sowohl auf einer prozessualen Ebene als auch auf einer psychischen und kommunikativen Ebene widersprüchliche Effekte auswirft. Man will etwas und traut sich nicht, um mal das Allereinfachste zu nennen.

Veränderung bringt also immer auch Spannung mit sich. Wir Menschen wie Teams und Organisationen müssen damit klarkommen, dass man etwas Neues macht und sich gleichzeitig von Altem verabschieden muss, ohne dass das Neue nur gut ist. Veränderung ist immer dann gehemmt, wenn sie nur Gutes erreichen will oder verspricht, nur Gutes zu erreichen. Oder die Erwartung im Raum ist, dass es nur besser wird. Wenn etwas besser wird, wird es besser und auch schlechter. Veränderung wird leicht, wenn ich mir bei jeder Entscheidung, mit der ich etwas Gutes anstrebe, auch klarmache, was die Schattenseiten sein könnten, und mich frage, ob ich die auch haben will.

Wie wir es schaffen, trotzdem den nächsten Schritt zu gehen

Das Problem bei neuen Anfängen ist, dass wir meist richtig viel Gepäck dabeihaben: gute und schlimme Erlebnisse, Prägungen, uns selbst. Und dass den wenigsten ein richtiger Cut im Leben gelingt oder überhaupt erstrebenswert erscheint. Wie aber geht es, trotzdem neu anzufangen, auch wenn man die vergangenen Erfahrungen mit sich trägt?

Noch dazu hält sich das Leben meist nicht an eine strukturierte und sinnvolle Reihenfolge: Da hat man gerade gekündigt und braucht alle Energie, um sich Gedanken über die Zukunft zu machen, und dann wird der Hund krank. Oder das Kind will nicht mit auf Klassenfahrt. Und das Fahrrad hat einen platten Reifen.

Josephine Teske ist evangelische Pastorin in Hamburg, Mitglied der EKD-Ratssynode, alleinerziehende Mutter von zwei Schulkindern und eine Seelsorgerin, die sich gut mit dem Durcheinander im Leben auskennt. Und zwar nicht nur in der Theorie.

Phine, wie ihre Freunde und auch ihr große Internet-Community sie nennen, teilt ihr Leben auf Instagram. Sie zeigt ihren neuen Wäscheständer, den Sitzungssaal, Predigtnotizen,

den gedeckten Abendbrottisch und das Chaos auf der Küchen-
arbeitsplatte. Sie teilt dort aber nicht nur Fotos von Haushalt
und Arbeit mit mehr als 40.000 Followern, sondern auch ihr
Herz.

Vielleicht wage ich deshalb so viel Neues, weil ich denke: Ich habe doch das Schlimmste überlebt, was mir passieren konnte. Wenn ich das geschafft habe – was soll mir noch geschehen? Natürlich tut es mir trotzdem weh, wenn mein Herz gebrochen wird und ich Liebeskummer habe. Natürlich denke ich mal: Ich will nicht mehr, ich kann nicht mehr. Wenn ich Geldsorgen habe oder denke, dass ich das alles mit den Kindern, dem Haushalt und dem Beruf nicht schaffe. Das denke ich zwar alles, aber innerlich weiß ich: Davon geht die Welt nicht unter.

Samuel war gar nicht geplant. Wir haben studiert, und plötzlich war ich schwanger. Und das war schön. Ich hatte es vorher nicht so leicht und auch nicht so gut. Samuel war mein Geschenk, das erste richtig Schöne nur für mich. Für seinen Papa natürlich auch, aber Samuel war ja in meinem Bauch! Und die Schwangerschaft verlief super: Er hat viel getreten, es war alles gut.

Eines Morgens, kurz vor dem errechneten Geburtstermin, wachte ich auf und hatte richtig viel Energie, war aber überhaupt nicht glücklich. Wir fuhren an diesem Tag in die Stadt und kauften Passepartout-Karten, die wir nach der Geburt verschicken wollten. Doch nicht einmal das freute mich. Es war komisch. Samuel bewegte sich nicht. Aber ich hatte gelesen, dass Babys am Ende der Schwangerschaft ganz ruhig werden, um Kraft für die Geburt zu sammeln. Am Abend, als wir schon im Bett lagen, gestand ich mir schließlich ein, dass etwas nicht in Ordnung war. Ich weckte meinen Mann, und wir fuhren ins Krankenhaus. Wir schauten auf den Ultraschall. Der Arzt sagte: Da ist kein Herzton mehr. Und dann war Samuel tot.

Ich hatte vorher eine große Glaubenskrise und überhaupt keine Connection mehr zu Gott. Aber in diesem Moment war Gott da. Gar nicht als mein Trost. Ich dachte: Gott, Scheiße. Nimmt Gott mir das erste Schöne in meinem Leben? Nimmt mir Gott das jetzt auch wieder? Wofür will er mich bestrafen? Warum ist mein Leben so? Dass ich nicht mal ein Baby bekommen kann? Dass ich auch noch diesen Schmerz kennen muss?

Es war eine sehr schwere, lange Geburt. Der Wehentropf funktionierte nicht. Ich war vollgepumpt mit Medikamenten und musste Samuel dann aus meiner eigenen Kraft auf die Welt bringen. Das war alles wie eine Strafe für mich, für etwas, von dem ich nicht wusste, wofür. Und gleichzeitig war Gott meine einzige Rettung. Ich hätte den Gedanken gar nicht ausgehalten, dass mein Kind jetzt tot ist und wir es in diese Wintererde legen. Der Boden war so kalt, dass man das Grab kaum ausheben konnte. Ich hatte mir immer vorgestellt, wie ich mein Baby einkuschle. Deshalb war meine einzige Rettung mein Glaube daran, dass wir hier vielleicht seine Hülle beerdigen, aber Samuel bei Gott ist und es dort warm ist. Da ist das Licht, und da ist die Liebe. Das war meine Geschichte mit Samuel und gleichzeitig meine Geschichte mit Gott. Vielleicht hat mich seitdem nichts mehr im Glauben erschüttert, weil ich mein Kind bei Gott verorte und da jetzt immer ein festes Band spüre.

Es war auch ein Neuanfang, wieder ein Kind zu bekommen. Wieder schwanger zu werden. Wieder Mutter zu werden. Ich war ja eine Mutter, aber ich hatte keine Aufgaben und konnte mich nicht um ein Kind kümmern. Ein Jahr nach Samuels Geburt kam Levi auf die Welt, unser zweiter Sohn. Ich wollte unbedingt ein Baby haben. Heute denke ich, dass es viel zu früh war. Ich hatte überhaupt kein Vertrauen in meinen Körper oder in die Geburt, und auch nicht in Gott. Levi habe ich so früh wie möglich per Kaiserschnitt holen lassen. Ich packte auch keine Babysachen in die Kliniktasche, weil ich dachte: Die brauche ich sowieso nicht. Und dann hatte ich zwar ein neues Baby und auch diese Liebe für das neue Kind, aber gleichzeitig trauerte ich sehr. So viele Gefühle. Die stärksten Gefühle, die man haben kann, hatte ich gleichzeitig.

Keiner, der das nicht erlebt hat, kann diese Trauer und diesen Schmerz nachspüren. Und es ist auch gut, dass das nicht geht. Nach Levis Geburt wurde mir oft gesagt: Jetzt ist es doch schon ein Jahr her, und du hast doch jetzt ein Baby. Jetzt ist doch alles gut. Du musst doch nicht mehr traurig sein. Dass beides sein darf – dieses Glück und diese Liebe, und diese Trauer und diese Liebe –, das sehen viele Menschen nicht.

Und wer gibt schon gerne zu, dass es nicht so perfekt ist. Dass da nicht nur der Gedanke ist: Wow, ich habe ein Baby, ich bin so verliebt. Sondern auch eine große Angst. Vor erneutem Verlust, aber auch überhaupt Angst. Davor, jetzt Mutter zu sein und ein Kind zu haben.

Es braucht Zeit, ein Kind kennenzulernen. Noch dazu, wenn man kurz vorher einen Babyjungen im Arm hatte, von dem man sich immer fragt, wie er gewesen wäre. Ich wurde oft gefragt, ob ich mein zweites Kind jetzt auch wieder Samuel nenne. Aber ich kann diese Kinder doch nicht miteinander vergleichen. Levi ist kein Ersatz, er ist ein eigenständiger kleiner Mensch.

Ich habe fast zwei Jahre gebraucht, bis ich darauf vertrauen konnte, dass Gott mir Levi nicht auch noch nimmt. Ich habe auch lange gebraucht, um Levi richtig in mein Herz zu lassen. Eigentlich glaube ich schon, dass er von Anfang an in meinem Herzen war. Aber es war schwierig, mir das so einzugestehen, weil ich dachte: Ich halte diesen Schmerz nicht nochmal aus, wenn noch ein Kind stirbt. Deshalb war ich so vorsichtig.

Mich beschäftigt das auch heute noch. In meiner Beziehung zu Levi habe ich manchmal ein schlechtes Gewissen. War ich die Mutter, die ich hätte sein können? Ich konnte keine andere sein. Vielleicht hätte ich noch warten sollen. Aber es ist so schön, dass er da ist. Hätte ich gewartet, wäre Levi vielleicht gar nicht da, sondern ein anderes Kind. Von daher war es auch gut so.

Bei mir ist das Vertrauen ins Leben wieder gewachsen, weil ich viel von anderen Eltern gelesen habe. Mir helfen Erfahrungen anderer sehr. Und irgendwann gab es statistisch die Gefahr des plötzlichen Kindstods nicht mehr. Auch das hat mir geholfen. Und ich glaube, die Zeit hat mir auch geholfen. Als ich mit Elisabeth schwanger war, entschied ich mich für eine Hausgeburt. Ich wusste in mir: Da passiert nichts. Dieses Kind werde ich am Ende in meinen Armen halten. Ich hatte keine Sekunde Angst. Das war auch eine Versöhnung.

Ob das Intuition war? Ich bin eigentlich ein Kopfmensch. Aus Kindheitstagen bin ich aber sehr darauf trainiert, auf

Schwingungen, auf Stimmungen und auf andere zu achten. Ich bin darin so geübt, dass ich die leiseste Atmosphäre wahrnehme und analysiere. Meine Psychologin meint, dass ich deswegen auch eine gute Seelsorgerin bin. Ich höre auch viel auf mich selbst und in mich hinein. Während der Schwangerschaft mit Samuel habe ich einmal im Traum nach meinem Kind geschrien und bin weinend und schreiend aufgewacht. Ich weiß noch, wie sich das angefühlt hat, wenn ich an diesen Traum denke. Vielleicht ist so was Intuition, vielleicht aber auch Gott.

Die stille Geburt von Samuel hat meinen Glauben sehr gestärkt und mein Gottesbild verändert. Vorher war ich sehr auf der Suche danach. Ich kam mit dem Glauben aus meiner Kirchengemeinde, aber im Theologiestudium wurde mein Gottesbild zerrissen und durcheinandergewirbelt, und ich schaffte es nicht, Gott für mich wieder zusammenzusetzen. Erst mit der Geburt von Samuel kam es wieder zusammen. Ich glaube, dass Gott nicht in dem Sinn allmächtig ist, wie wir es gerne hätten. Ich glaube, Gottes Allmacht liegt darin, bei uns zu sein und uns Liebe zu schenken in allem, was uns passiert. Und daran halte ich fest. Das glaube ich.

Wenn Phine einen Menschen beerdigt, macht sie ein Foto vom Himmel. Eine kleine Angewohnheit, in der eine große Kostbarkeit steckt: Nicht die Hoffnung zu begraben, nicht zu versinken angesichts des Leids, sondern den Blick zu heben. Auf das, was noch kommt, was größer ist. Wenn das immer so einfach wäre. Aber vielleicht verbirgt sich das schier Unmögliche ja manchmal in so einer kleinen Geste.

Auch mein Blick aufs Leben hat sich verändert. Mir wurde klar, dass ich mich oft mit Dingen beschäftige, die gar nicht so wichtig sind. Was andere denken zum Beispiel. Weil ich es aber so verinnerlicht hatte, dass das wichtig ist, brauchte es lange, ehe ich meine Prioritäten umsetzen und verschieben konnte. Aber es war ein Anstoß, meinen Blick auf die Welt zu verändern, auch innerlich.

Ein Kind zu haben, ist für mich nichts Selbstverständliches. Ich weiß nicht, wie selbstverständlich es für mich ohne diese Erfahrung gewesen wäre. Ich bin wahnsinnig dankbar für meine Kinder. Sie sollen alle Möglichkeiten auf dieser Welt haben, das zu machen oder zu arbeiten, was sie möchten. Das sind für mich nicht nur leere Worte, sie sollen wirklich ausprobieren dürfen und nicht einen sicheren Job haben und Geld verdienen und Karriere machen. Da bin ich anders als viele andere Eltern. Ich denke, ohne Samuel wäre ich so geblieben, wie ich erzogen wurde. Ich habe in seinem Tod nichts Gutes gefunden, aber ich habe etwas Gutes daraus gemacht. Und ich glaube, das übertrage ich auch auf die Kinder.

Ich bin stark von meinen Großeltern geprägt. In ihrer Generation war wichtig: Was du anfängst, das machst du zu Ende. Leistung, Leistung, Leistung. Nicht schwach sein. Ich liebe meine Großeltern über alles. Sie meinten es immer gut mit mir. Ohne sie wäre ich auch keine Pastorin. Aber ihre Haltung hat mich stark geprägt, weswegen ich immer dachte, dass ich auf eine bestimmte Art zu sein habe: Natürlich heirate ich meinen ersten Freund. Natürlich bleiben wir zusammen, weil man ja zu Ende bringt, was man angefangen hat. Es spielt keine große Rolle, was ich will oder wie ich sein möchte, weil ich ja eine Aufgabe habe.

Es hat lange gedauert, bis ich verstanden habe, dass ich mich auf die Suche danach machen darf, wie ich gerne leben möchte. Den Wunsch danach hatte ich sehr lange unterdrückt. Ich war wie ein Kessel, der irgendwann explodiert. Ich habe dann privat angefangen, Dinge anders zu machen und zu entscheiden. Als Nächstes habe ich auch beruflich viel verändert. Da war mein Verhaltensmuster nämlich dasselbe. Ich dachte, wenn ich in dieser Gemeinde etwas angefangen habe, muss ich durchhalten, weil ich Verantwortung trage. Dabei war mein Traum eigentlich immer ein anderer. Ich habe aber erst gehandelt, als mein Arbeitsumfeld und ich, wie ich geworden war, überhaupt nicht mehr zusammenpassten. Manchmal muss der Leidensdruck so hoch sein, dass man wirklich nicht mehr kann, bevor man die großen Sachen verändert.

Phine und der Vater ihrer Kinder sind nicht mehr zusammen. Und nach sechs Jahren als Pastorin in Büdelsdorf, einem Städtchen in Schleswig-Holstein, wechselte Phine die Pfarrstelle und zog in die Großstadt. Im neuen Pfarrhaus in Hamburg wohnt sie nun allein mit ihren Kindern. In der neuen Gemeinde führt sie Trauergespräche, segnet Ehepaare, erzählt Bibelgeschichten in der Kita und tauft im Einhornplanschpool vorm Altar. Mit ihrem Freund verbringt sie eine schöne Zeit – zusammenziehen und heiraten kommt für sie aber nicht mehr infrage.

Neulich sagte ich: »Ich lebe jetzt das Leben, von dem ich gar nicht wusste, dass ich es leben will.« Aber ich bin rundum zufrieden mit allem und habe zum ersten Mal in meinem Leben das Gefühl, nicht mehr zu suchen oder groß Karriere machen zu müssen. Ich bin zurzeit Mitglied im fünfzehnköpfigen Rat der EKD, also im höchsten Leitungsgremium der Evangelischen Kirchen in Deutschland. Wenn ich beim nächsten Mal nicht mehr in die nächste Ratsperiode gewählt werde, dann ist es so. Wenn Instagram den Algorithmus ändert und mich bestraft, dann ist es so. Dann sehen eben nicht mehr so viele meine Storys. Ich bin jetzt zufrieden mit allem, und das hat damit zu tun, dass ich immer wieder Neuanfänge gewagt habe.

Einfach war das nie. Ich hatte oft Angst und habe auch viele Fehler gemacht. Manchmal habe ich zu schnell reagiert oder zu lange gewartet. Aber das darf ja alles sein. Es ist alles ein Suchen in unserem Leben und ein Mit-sich-in-Verbindung-Bleiben. Während sich die Welt so schnell dreht und wir uns ja auch verändern. Da muss man dann immer wieder innehalten und sagen: Dann mach ich es eben nochmal neu.

Ich bin ja Pfarrerin von Beruf, und wenn ich in der Kirchengemeinde etwas großes Neues mache oder ausprobiere, habe ich danach richtig Angst, dass es Ärger gibt. Das wissen da auch alle. Eine Frau aus dem Kirchengemeinderat sagte mir neulich: »Das Gute bei dir ist, du machst es trotzdem, obwohl du so eine große Angst hast.«

Ich weiß nicht, ob es so bleibt, dass sich das Leben rund anfühlt. Mein Leben wird sich noch verändern, die Kinder werden irgendwann erwachsen sein, und wer weiß? Jetzt für den Moment bin ich rundum glücklich, das kenne ich nicht von mir. Es ist zum ersten Mal in meinem Leben so, wie ich es haben möchte. Dass ich zufrieden bin. Es kann sehr gut sein, dass ich irgendwann nochmal richtig viel arbeiten oder wirklich Karriere machen möchte. Ich wollte auch gerne mal ein Pfarramt im Ausland haben. Momentan will ich das nicht, aber vielleicht packt mich nochmal die Lust.

Ich fange so gerne Sachen neu an, dass ich sogar manchmal Möbel umstelle – nur um das Gefühl eines Neuanfangs zu haben. Dafür gibt es zwei Gründe. Der eine ist, dass ich so lange auf der Suche danach war, wie ich leben, wie ich sein möchte. Was will ich, wer bin ich, was kann ich? Um das rauszufinden und neu zu justieren, brauchte ich immer wieder Neuanfänge. Das andere ist meine Sehnsucht nach Veränderung. Ich habe ziemlich häufig Angst vor Konsequenzen. Aber es verändert sich ja nichts und ich lerne nichts, wenn ich nicht einfach mache! Suchen und Verändern wollen: Für beides brauche ich immer wieder Neuanfänge.

Ich dachte lange, dass ein Neuanfang ein Punkt sei, an dem man neu beginnt. Aber ein Neuanfang kann auch etwas Schleichendes sein, ein richtig langer Prozess. Manchmal ist es vielleicht auch keine bewusste Entscheidung, und man fängt unbewusst an, etwas neu zu machen. Vielleicht wächst man auch einfach so hinein, statt den Startpunkt des Neuanfangs festzulegen. Es kann ja auch sein wie die Schleimspur einer Schnecke. Es wabert, aber im Rückblick sieht man: Jetzt bin ich ganz anders oder mein Leben ist ganz anders.

Eigentlich finde ich Neuausrichtung ein besseres Wort als Neuanfang. Man startet ja mit allem Möglichen – was man in sich trägt, was man auf den Schultern trägt, mit all den Erfahrungen, die man hat, und auch den Menschen, die man mit rumschleppt. Selbst wenn man Brücken abbricht, weiß man noch, was auf der anderen Seite der Brücke war. Es ist also meist eher eine Neuausrichtung im Leben. Man steht und dann dreht man sich ein bisschen, nur um zwei Grad in eine andere Richtung, aber immer mit allem, was man schon hat.

Neuanfänge sind nicht punktuell und nicht mal linear, sondern kurvig und steinig. Sie können auch ein Fehler sein. Aber wir lernen aus Fehlern. Und wenn man mittendrin steckt im Neuanfang, dann darf man auch noch zweifeln und denken: Ist es das jetzt, was ich wollte? Wir dürfen uns das erlauben. Es ist auch okay, bei dem zu bleiben, was ist. Total in Ordnung. Abgesehen davon, werden wir ja auch manchmal zu Neuanfängen gezwungen und uns wird von außen etwas aufgedrückt. Klar kann man das einfach Mist finden. Man muss nicht jeden Neuanfang annehmen, aber man kann.

Und dann kann man nachjustieren und schauen: Was kann ich verändern? Was liegt in meiner Hand? Was kann ich jetzt tun, worauf muss ich hinarbeiten? Es muss ja nicht so bleiben – alles das, was nicht in unserer Hand liegt, was uns geschieht. Wenn wir zum Beispiel verlassen werden, das muss ja nicht so bleiben. Das können wir ja in die Hand nehmen, da können wir ja etwas draus machen. Oder wir lassen es erstmal so sein. Wir sind nie nur Passive. Wir können immer die Handelnden sein.

Ich teile mein Leben auf Instagram, weil ich glaube, dass es anderen hilft, eine Entlastung zu spüren. Zum Beispiel beim Thema Haushalt. Ich komme in viele Haushalte. Und egal ob da Kinder leben oder nicht, egal wie alt die Menschen sind – da sieht es nie so aus wie in einer Instagram-Wohnung. Da sieht es eben so aus, wie es aussieht, wenn Menschen leben. Da liegt das Katzenstreu neben dem Katzenklo, da stapelt sich Papier auf dem Küchentisch. Und obwohl ich das weiß und es bei anderen sehe, falle ich trotzdem immer auf Instagram rein. Und andere, die nicht so oft in fremde Wohnungen kommen wie ich, wissen ja noch viel weniger, dass es normal ist, wenn eine Wohnung bunt ist und Sachen herumliegen. Ich möchte helfen, dass wir uns annehmen können, wie wir sind. Dann sind wir netter zu uns und auch zu anderen.

Ich wünsche mir, dass das, was ich teile, eine Wirkung hat. Zum Beispiel, dass Menschen sich mit einer Frage auseinandersetzen, auf die sie von alleine nicht gekommen wären oder vor der sie sich gedrückt haben. Ich suche keine Zustimmung. Es ist ein Angebot, damit Menschen sich mit ihren eigenen Themen auseinandersetzen können. Es ist auch gut, wenn sie sich abgrenzen und sagen: So wie Phine will ich es überhaupt gar nicht. Dann hat es ja auch schon etwas gebracht. Und ich kann das einfach gut. Ich bin so ein Mensch, ich kann das gut aushalten. Und weil ich es kann, mache ich es.

Mir ist es auch wichtig, nicht alles so ernst zu nehmen. Klar hätte ich es gerne viel ordentlicher. Ich schaffe es aber nun mal nicht. Ich spiele lieber den ganzen Nachmittag über mit den Kindern Spiele, als aufzuräumen. Ich habe mich davon gelöst, was andere erwarten können, wie es bei mir zu Hause aussieht. Oder was andere denken, wie ich als Mutter sein müsste. Wir führen schon durch meinen Beruf kein typisches Familienleben. Und dann sind wir drei auch noch alleine. Ich achte viel darauf, was die Kinder möchten und brauchen. Bei uns läuft ganz viel ganz locker.

Ich glaube das Geheimnis ist, auf sich selbst zu sehen und auf die Familie: Was tut uns gut? Egal, was die Schwiegermutter denkt, wenn sie zu Besuch kommt. Es kann doch egal sein, was andere denken, wenn wir mit uns im Reinen sind! Das heißt ja nicht, dass ich die Augen davor verschließe. Ich weiß schon, was gerade bei mir alles schiefläuft. Manches hätte ich gerne anders, aber bin noch nicht bereit, es zu ändern. Und das kann ich sein, indem ich mit mir im Kontakt stehe oder mit Menschen, denen ich vertraue und bei denen ich weiß, dass sie mir auch sagen, wenn ich handeln muss. Das ist wichtig.

Nicht wichtig ist, ob jemand sagt: Guck mal, die Kinder von ihr haben immer Löcher in den Socken oder zwei verschiedene Socken an. Ist doch egal! Was spielen die für eine Rolle in unserem Leben? Selbst bei unseren Eltern oder Schwiegereltern wissen wir, dass sie andere Voraussetzungen in ihrer Zeit als Eltern hatten als wir jetzt. Und dann ist es vielleicht unordentlich, aber wir haben es lustig. Es bewahrt mir meine Freiheit, wenn ich darauf schaue, was mir selbst wichtig und was uns als Familie wichtig ist. Wie können wir damit gut leben, wie es jetzt gerade ist?

Mir hilft auch zu wissen, dass ich bestimmt Fehler mache, auch in der Erziehung, und dass das normal ist. Vielleicht werden die Kinder sich später abgrenzen und total ordentlich sein, und vielleicht werden sie mal sagen: Ich muss eine Therapie machen wegen meiner Mutter. Aber das ist doch super, wenn sie sich dann um sich kümmern! Hauptsache, ich versuche, nicht die Fehler zu machen, die ich wirklich vermeiden will und kann.

Samuel wäre jetzt elf Jahre alt. Die Kinder wissen natürlich von ihrem großen Bruder. Für Levi spielt er im Moment keine so große Rolle, aber Elisabeth redet oft von Samuel und erzählt allen, dass sie noch einen Bruder hat. Sie ist auch traurig und hat so viel Mitgefühl. Dabei rede ich gar nicht so viel über ihn. Für Elisabeth ist Samuel im Himmel und gleichzeitig auch immer hier.

In der Zeit um seinen Geburtstag herum, im Januar, sage ich immer zu meinen Kindern: Wundert euch nicht. Ich werde jetzt bald traurig sein. Wir müssen dann hier zu Hause ein bisschen anders miteinander sein, damit das gut klappt. Die Kinder kommen auch mit zum Friedhof. Und ärgern sich, wenn jemand geharkt hat, und zertrampeln dann alles, damit sie harken können.

Im Leben ist alles nebeneinander und beieinander. Das habe ich auch mit meinen beiden Söhnen gelernt, und das ist unser aller Erfahrung. Vielleicht läuft im Beruf gerade etwas schlecht, aber trotzdem sind wir verliebt. Oder mit den Kindern ist es total stressig, aber die Sonne scheint. Das zu akzeptieren, macht es leichter, den Fokus nicht darauf zu legen, was gerade schlecht läuft. Es hilft uns, leichter durchs Leben zu gehen.

Warum es nie zu spät ist

Es ist nie zu spät, das eigene Leben umzukrempeln und Träume mutig in die Tat umzusetzen. Das beste Beispiel dafür ist Margrit Brüngger: Bis sie Mitte sechzig ist, verbringt die Schweizerin ein relativ unauffälliges Leben. Dabei sehnt sie sich schon immer danach, ihr Leben mit mehr Sinn zu füllen und Menschen in Not zu helfen. Erst als sie schon im Ruhestand ist, entdeckt sie den Ort, nach dem sie ein halbes Jahrhundert lang gesucht hat. Sie findet ihn in Afrika, im Nordwesten Tansanias. Seitdem verbringt sie mehrere Monate im Jahr vor Ort, um mit ihrem Projekt »tumaini kwa watoto – Hoffnung für Kinder« im tansanischen Zentral-Plateau Hilfe zur Selbsthilfe zu leisten.

Inzwischen ist Maggie, wie sie von ihren Freunden genannt wird, 75 Jahre alt. Ums silbergraue Haar hat sie ein grünes Tuch geschlungen, auf der Nase trägt sie eine kreisrunde Sonnenbrille. Und jeder, der ein paar Worte mit ihr wechselt, merkt gleich, dass die zierliche ältere Dame über eine große Entschlossenheit und Entscheidungsfreude verfügt.

Nach unserer Anfrage fackelt sie nicht lange und besucht uns kurzerhand in München. Zurück in die Ostschweiz fährt die 75-Jährige mit ihrem Mountainbike. Kein E-Bike, wohlgemerkt:

*»Das ist eine gute Gelegenheit, meine Kondition zu testen«,
meint sie.*

Als junges Mädchen bin ich ziemlich unsicher durchs Leben
gegangen. Ich traute mir nicht allzu viel zu. Einmal, als junge
Frau, bin ich in einem Aufzug einem älteren, grauhaarigen
Herrn begegnet. Als ich ausstieg, sagte er zu mir: »Sie können mehr, als Sie glauben und sich zutrauen.« Und weg war
er! Darüber war ich echt erstaunt, und diese Bemerkung ließ
mich nie mehr los.

Ich bin in bescheidenen Verhältnissen in der Ostschweiz
aufgewachsen. Wir waren sechs Kinder: Ich war die Vierte
und diejenige, die sich immer um den jüngsten Bruder, den
Nachzügler, gekümmert hat. Das zu schmale Budget für eine
achtköpfige Familie zwang unsere Mutter dazu, sehr viel zu
arbeiten, um uns durchzubringen. Wir Kinder verdienten
uns schon früh neben der Schule mit Jobs Geld dazu. Ich
sammelte zum Beispiel Flaschen und Zeitungen, half in Ca-
fés und Restaurants aus, machte Einkäufe und wusch Ge-
schirr für andere. Freizeit war mir fremd.

Trotz oder gerade wegen des holprigen Starts ins Leben
träumte ich schon als kleines Mädchen davon, irgendwann
nach Afrika zu gehen. Schon damals hatte ich einen sehr
ausgeprägten Gerechtigkeitssinn. Mein Traum war, dass kein
Kind auf dieser Welt Hunger oder Durst leiden sollte. Bis ich
den Ort fand, wo ich für diesen Traum kämpfen konnte, sollte es aber noch Jahrzehnte dauern.

Viele Jahre arbeitete ich als Assistentin des Geschäftsfüh-
rers eines Outplacement-Unternehmens. Es war eine span-
nende Arbeit, aber nicht mein wirklicher Lebenstraum. Mei-

nen Urlaub nutzte ich vor allem zum Reisen. Ich wollte andere Länder, andere Lebensweisen, mir fremde Welten kennenlernen. Ich bereiste zum Beispiel die Mongolei, Nepal, Peru und Japan, fuhr mit der transsibirischen Eisenbahn durch Russland – immer mit dem Gedanken im Hinterkopf, ob das vielleicht der Ort sein könnte, an dem ich etwas Sinnvolles bewegen kann. Gefunkt hat es aber nie.

Als ich in meinen Vierzigern war, wurde meine Mutter krank. Ich gab meine Stelle auf, um sie zu pflegen. Das tat ich acht Jahre lang, bis zu ihrem Tod. Vielleicht hatte unsere nicht allzu einfache Beziehung auch damit zu tun, dass wir beide einen starken, harten Willen und eigensinnigen Kopf hatten. Nichtsdestotrotz war es für mich selbstverständlich, dass ich meiner Mutter helfen und ihr beistehen würde, egal, wie es vorher zwischen uns war. Ich konnte nicht anders. Heute bin ich unendlich dankbar dafür, dass ich nächtelang an ihrem Bett saß, Gespräche mit ihr führte, ihre Hand hielt, mit ihr die Ängste durchstand und sie bis in den Tod begleiten durfte. Das empfinde ich bis heute als ein riesiges Geschenk und Privileg.

Nach dem Tod meiner Mutter begann für mich eine schwierige Zeit. Ich war von der jahrelangen, unglaublich intensiven Pflege komplett erschöpft. Die Trauer überwältigte mich. Ein Schritt aus dem Haus hätte gereicht, um den Weg ins Leben wiederzufinden, aber das schaffte ich lange Zeit einfach nicht.

Es wurde erst wieder gut, als ich mich wieder um eine neue Stelle bemühte und diese auch ganz schnell fand, wieder mit dem Radfahren anfing und mit Gartenarbeit. Mit dem Fahrrad die Welt zu erkunden, wurde zu einer meiner

Leidenschaften. Viele europäische Städte und halb Skandinavien eroberte ich mit meinem Fahrrad. Ich war wieder zurück im Leben.

Irgendwann, ich war schon in Rente, lernte ich eine Flugbegleiterin kennen, die ein Waisenheim in Tansania aufgebaut hatte. Sie lud mich ein, ihr Kinderheim zu besuchen. Das war mein erster Kontakt mit Mama Afrika. Die Gründerin des Projekts entschloss sich ein paar Jahre später, neben dem Heim noch eine Schule aufzubauen, und ab da fühlte es sich für mich irgendwie an wie eine elitäre Privatschule. Ihre Vorstellung und meine Ziele waren nicht mehr dieselben, und so entschied ich, mich kurzerhand alleine in den Busch abzusetzen. Vielleicht kam ich ja jetzt dem gewünschten Ziel näher, da zu sein, wo die Menschen große Not leiden und Hilfe brauchen und sonst niemand hilft.

Ich wusste von einem abgelegenen kleinen Dorf namens Itobo, mitten im westlichen zentralen Hochland Tansanias. Das sanft hügelige Land wird von Tälern durchschnitten, deren Flüsse nur temporär Wasser führen. Das war alles, was mir darüber bekannt war. Kurzerhand setzte ich mich in den Bus nach Itobo, ohne zu wissen, was mich erwartet. Das passte endlich wieder zu mir. »Du wirst dann schon sehen, was auf dich zukommt«, dachte ich – und los ging es.

Morgens um sechs Uhr startete die Reise am unglaublich belebten Busbahnhof von Dar es Salaam, in einem mit Menschen, Tieren und Gepäck überfüllten uralten Bus. Ob der Fahrer eine Lizenz hat oder nüchtern ist, ob Bremsen und Licht funktionieren – all das war nicht so klar, dafür wusste ich mit Sicherheit, dass der Bus eine Hupe hatte! Als bereits wieder die Nacht anbrach, rasten wir immer noch quer durchs Land, und ich hatte keine Ahnung, wo wir waren. Als ich im Bus herumfragte, kannte keiner Itobo. Ich beschloss schließlich, einfach trotzdem im Bus sitzen zu bleiben. Am Ende dieser wirklich abenteuerlichen, achtzehnstündigen Busfahrt stellte ich dann fest, dass die Station nicht Itobo heißt, sondern Nzega, wie der Distrikt. Aber ich war genau da, wo ich hinwollte – eine Punktlandung.

Der erste Kontakt in dieser für mich so fremden Welt entpuppte sich später zwar als nicht die richtige Person, mit der ich zusammenarbeiten wollte. Nichtsdestotrotz hatte ich in Itobo/Nzega zum ersten Mal in meinem Leben das Gefühl, den Einsatzort für mich gefunden zu haben, nach dem ich immer gesucht hatte. Dieses Gefühl verstärkte sich, je häufiger ich dort war und je tiefer in den Busch ich ging.

Später lernte ich andere Einheimische kennen, die mir dabei halfen, dahin zu kommen, wo Hilfe nötig war. Der wichtigste davon ist Cornelius Wishi Maganga. Als »District School Quality Assurance Officer« des Distrikts Nzega kennt er nicht nur alle Schulen im Umkreis von circa zweihundert Kilometern, sondern auch alle Gemeinden. Und er spricht zwölf verschiedene Dialekte, die in diesem Gebiet gesprochen werden. Er ist mein ständiger Begleiter und die wichtigste Person vor Ort für mich. Außerdem ist er für mich die Brücke von den Sponsoren zu den Kindern.

Ich war am Ziel und gleichzeitig am Anfang – am Anfang, meine Visionen und Träume zu verwirklichen. Wassermangel ist die größte Not überhaupt. Wasser bedeutet Leben und ist untrennbar verbunden mit der Entwicklung unserer Zivilisation. Mein vorrangiges Ziel war und ist deshalb dieses überlebenswichtige Gut. Ohne Wasser ist alles andere sinnlos. Aus diesem Grund begann ich zunächst mit Regenrinnen und sechs großen Wassertanks, Regenwasser aufzufangen – dann begann meine Suche nach Grundwasser.

Ein deutscher Sponsor hatte mir Geld dafür zur Verfügung gestellt. Ich staune selbst, dass ich mich überhaupt daran gewagt habe. Ein Jahr lang recherchierte ich im Internet und in Büchern und ließ mich von Wasserspezialisten beraten, um mir die notwendigen Kenntnisse und Fähigkeiten anzueignen. Außerdem zog ich einen Wasserbauingenieur und weitere Fachleute vor Ort zu Rate, denn ich wollte ein derart risikobehaftetes Projekt so gefahrlos und erfolgreich wie möglich realisieren. Und eines Tages wusste ich: So, jetzt ist es so weit. Ich will in der Nähe einer bestimmten Schule nach Wasser suchen. Die Fachleute begannen, mit einem Feldmessgerät anhand von elektrischen Impulsen nach Anzeichen für Wasser zu suchen, identifizierten drei Stellen und fingen dann an zu bohren. Schon nach einer halben Stunde riefen sie mich an: »Maggie, Wasser!« Schon der erste Brunnen wurde zu einem riesigen Erfolg, und wir förderten 4400 Liter in der Stunde. Alle freuten sich total – es war ein Festtag.

Mittlerweile haben wir 18 produktive neue Brunnen gebaut. Damit versorgen wir mehr als 55.000 Menschen in der Umgebung mit sauberem, salz- und vor allem bakterienfreien Wasser. Keine stundenlange Wassersuche mehr für Frauen und Kinder, keine gefährlichen, lokalen Wasserlöcher und keine durch kontaminiertes Wasser ausgelösten Krankheiten mehr, die häufig zum Tod führen, weil es keine ausreichende medizinische Versorgung gibt.

Ein weiterer Schwerpunkt sind die Toiletten, die fast überall in einem desolaten Zustand sind. Nicht selten teilen sich tausend Kinder eine Toilette. Damit sind sie gezwungen, in den nahe gelegenen Busch zu gehen, und das ist alles andere als ungefährlich – die meisten suchen das stille Örtchen barfuß auf. Schlangen, Skorpione, vor allem aber die herumliegenden Exkremente sind große gesundheitliche Gefahren. Einunddreißig neue Toiletten haben wir in den vergangenen Jahren gegen diese Not gebaut.

Ich bringe keine schlüsselfertigen Kindergärten, Schulhäuser, Toiletten, Küchen und Nutzgärten, sondern wir erarbeiten alles Seite an Seite mit der Dorfgemeinschaft. Bevor wir ein Projekt beginnen, kommen alle betroffenen Bewohner zusammen. Meistens geschieht dies unter einem großen Baobab-Baum. Dort sprechen wir darüber, wie wir das Projekt in gemeinsamer Arbeit als Team durchführen werden. Wir bringen das gesamte Baumaterial und Werkzeug, wir bezahlen den Materialtransport, aber das Bauen liegt in der Hand der ganzen Gemeinde. Es soll am Schluss ihr eigenes Projekt sein.

Ich möchte den Menschen vor Ort unbedingt mit Respekt und auf Augenhöhe begegnen. Und ich muss sorgfältig und zielgerichtet mit dem mir anvertrauten Geld umgehen. Das bedeutet auch, jedes einzelne Projekt vom ersten bis zum letzten Spatenstich zu begleiten. Meine Flüge und Aufenthalte in Tansania bezahle ich alle selbst, ich lebe dort und auch zu Hause in der Schweiz ein sehr einfaches Leben. Das Ziel meiner Bemühungen ist und bleibt, Hilfe zur Selbsthilfe zu leisten. Ich will diese Menschen dazu ermutigen und stärken, ihre eigene Zukunft frei von jeglicher fremden Unterstützung zu gestalten und in ihre eigenen Hände zu nehmen.

Am liebsten würde ich allen helfen. Das geht natürlich nicht. Das Ziel meiner Bemühungen sind die Menschen, die am meisten Not leiden. Das Problem ist, dass dort einfach alle Not leiden. Daran könnte man verzweifeln. Mir kommt es manchmal vor, als wenn ich im Garten bin und alles verwachsen ist. Wo fange ich da an? Irgendwo. Und dann mache ich, so viel es nur geht.

Wenn ich in Tansania bin, bewohne ich ein kleines Zimmer in einem Motel. Ich habe auch kein Problem damit, auf dem Boden zu schlafen. Aber es ist wichtig für mich, einen Rückzugsort zu haben. Besonders dann, wenn die Dinge mal nicht so laufen. Denn natürlich gibt es auch immer mal wieder Enttäuschungen. Zum Beispiel, wenn jemand respektlos mit den Sachen umgeht. Dann tigere ich im Zimmer herum und schimpfe vor mich hin: »Jetzt gehe ich! Nun ist wirklich Schluss!« Meistens ist nach einer Stunde der Dampf wieder draußen, und dann geht es wieder von vorne los. Meine Toleranzgrenze liegt ziemlich hoch.

Von meiner Basisstation aus fahre ich an meine Einsatzorte. Entweder in einem uralten Auto oder als Beifahrerin auf dem Motorrad. Das ist für mich das Allerschönste. Es ist nämlich oft sehr abenteuerlich. Zum Beispiel, wenn es geregnet hat und rutschig ist. Wenn der Weg dann noch steil hinuntergeht, sitze ich mucksmäuschenstill auf dem Motorrad. Angst habe ich in solchen Momenten nicht.

Eine nicht zu unterschätzende Herausforderung ist es, Spendengelder zu sammeln, damit ich überhaupt meine Träume und Visionen realisieren kann. Dies mache ich zwar vor allem in der Schweiz, wo ich die meiste Zeit des Jahres verbringe, aber auch wenn ich in Tansania bin, suche ich weiterhin nach Spenden. Spendenakquise für mein Hilfsprojekt »*tumaini kwa watoto – Hoffnung für Kinder*« zu betreiben ist harte Arbeit und kostet viel Zeit, Geduld und Energie. Bei mir ist es auch deshalb nicht einfach, weil ich als »One-Woman« in keine Organisation und auch in keinen Verein eingebunden bin. Das Kloster Baldegg in der Schweiz ist lediglich für die Spenden-Abwicklung zuständig.

Ich möchte einfach nur helfen und endlich das tun, was ich schon immer tun wollte. Nämlich Menschen helfen, die an den Rand unserer Gesellschaft gedrängt werden.

Mit Sicherheit hat auch mein ausgeprägter Gerechtigkeitssinn eine ganz wesentliche Rolle bei der Entscheidung mitgespielt, diesen Weg zu gehen. Wenn ich Ungerechtigkeiten sehe, vor allem bei anderen, kann ich dies kaum ertragen und bin gleich zur Stelle. Das bringt mir naturgemäß auch immer wieder Konflikte mit anderen Menschen ein. Dieser Gerechtigkeitssinn führt also auch zu Problemen, aber er macht mich kämpferisch. Unerträglich ist es für mich nach wie vor, wenn Kinder leiden. Das motiviert mich und spornt mich an, ihnen beizustehen und sie zu stärken.

Ich bin verheiratet, und mein Mann steht voll hinter meinen Entscheidungen. Er ist mein bester Freund und ein guter Gesprächspartner und Zuhörer. Auch wenn er selbst nicht nach Afrika geht, unterstützt er mich bei all meinen Projekten, selbst wenn ich dafür oft monatelang in Tansania bin. Er macht Führungen in einem Automuseum in der Schweiz. Das ist seine Welt, und meine Welt ist Afrika. Das finde ich völlig in Ordnung. Ich bin sehr dankbar, einen Mann wie ihn zu haben.

Viele andere in meinem Umfeld haben Mühe zu verstehen, warum ich tue, was ich tue. Mir nahestehende Freunde verstehen mich zwar, aber sie wundern sich auch darüber, wie ich das durchhalte. Wenn mich jemand nach meiner Arbeit fragt, lege ich meistens voller Begeisterung los und erzähle enthusiastisch und engagiert. Ich merke aber oft schon bald, dass es den meisten ganz schnell wieder zu viel wird. Für mich ist es dann besser, gar nicht groß zu erzählen.

Manchmal werde ich gefragt, woher ich die Energie für all das hernehme. Das weiß ich ehrlich gesagt nicht so genau. Ich habe glücklicherweise noch genügend davon und so, wie ich es verstehe, funktioniert es für mich wie bei einem Generator: Sobald er läuft, tankt er gleichzeitig auf. Der Erfolg und die glücklichen Menschen, vor allem die strahlenden Kinderaugen, sind bei Weitem meine wichtigsten und wertvollsten Energiespender.

Wenn mir früher jemand gesagt hätte, dass ich mal in Afrika nach Wasser bohren würde – ich hätte gesagt: Das geht doch nicht! Aber es geht. Tatsächlich habe ich erlebt, dass man viel mehr bewegen kann, als man sich zutraut. Inzwischen weiß ich auch, dass ich das, was ich heute mache, in jüngeren Jahren nie geschafft hätte. Ohne alle spannenden, guten, aber auch die negativen und schmerzhaften Erfahrungen, die ich auf der Schulbank des Lebens gewonnen habe. Um das Leben einigermaßen zu verstehen, brauchte ich ein halbes Jahrhundert. Und ich brauchte auch viel Kraft und Energie dafür, ins kalte Wasser zu springen und dann wieder rauszukommen. Glücklicherweise habe ich schon früh im Leben gelernt, für das zu kämpfen, was ich brauche oder gerne möchte. Dass das Leben einfach sei – das hat mir sowieso niemand versprochen.

Es ist ein tolles Gefühl, da zu sein, wo ich etwas bewirken kann. Ich freue mich, dass ich Menschen dabei helfen kann, ihre Probleme selbst in die Hand zu nehmen und mit Mut und Zuversicht in die Zukunft zu schauen. Das macht mich unendlich zufrieden.

Ich wusste nicht, ob es klappen würde. Bevor du es nicht versucht hast, weißt du es nicht. Das ist meine Lebenseinstellung: Einfach ausprobieren, machen und loslegen. Und ich finde, dass dafür der Zug auch mit siebzig oder achtzig noch nicht abgefahren ist. Er fährt erst ab, wenn du tot bist. Solange du Kräfte hast, kannst du immer etwas machen und sogar neu beginnen. Es ist nie zu spät, mit Selbstvertrauen, Zuversicht und Courage eine neue Herausforderung anzunehmen. Eigentlich ist das Leben für mich erst in den späten Jahren so richtig losgegangen. Jetzt bin ich da, wo ich eigentlich immer hinwollte, und ich will weiter neugierig und offen bleiben. Ich würde auch noch morgen etwas Neues anfangen. Das Leben ist erst vorbei, wenn du mutlos auf eine Veränderung wartest.

Wie finde ich heraus, was ich will?

Vor oder zurück, loslassen oder festhalten – woher weiß man denn, was gerade richtig ist? Schwester Birgit-Marie Henniger hat in ihrem Leben viele Menschen in Entscheidungssituationen und bei Neuanfängen begleitet. Sie ist systemische Therapeutin, evangelische Ordensschwester und Priorin ihrer Gemeinschaft. Das bringt viel Verantwortung und einen extra vollen Terminkalender mit sich. Bei der Communität Christusbruderschaft Selbitz sind häufig Menschen zu Gast, die für einige Tage im Kloster mitleben wollen. Und oft kommen sie mit großen Fragen im Gepäck, viele von ihnen stehen an einem Wendepunkt.

Gehetzt wirkt die Kloster-Managerin aber überhaupt nicht. Ein Gespräch mit einer Frau, die mit viel Kraft, Durchsetzungsstärke und Weisheit anzupacken weiß.

Schwester Birgit-Marie Henniger, woran merkt man, dass es an der Zeit ist, etwas Neues anzufangen?
Gut, wenn man es überhaupt merkt! Es ist nicht selbstverständlich, wahrzunehmen, dass es Veränderung braucht. Die meisten kommen ins Überlegen, wenn etwas nicht so läuft: Man ist müde, lustlos, hat keine Energie. Ich würde sagen, es

ist höchste Zeit für Veränderung, wenn sich etwas zerstörerisch auswirkt, wenn es dem Leben entgegensteht. Auch wenn ich merke, dass ich unendlich viel Kraft brauche für mein Leben – dann ist Veränderung angebracht.

Geht einem neuen Anfang immer eine Krise voraus?
Manchmal braucht es einen gewissen Druck oder eine Notwendigkeit, dass sich etwas verändert. Nicht alle Menschen sind proaktiv. Und deshalb würde sich bei manchen gar nichts verändern, wenn da nicht eine Krise käme. Eine Krise ist jedenfalls nicht nur negativ. Sie ist auch eine Chance, etwas zu verändern. Es gibt aber auch einen positiveren Ansatz für einen neuen Anfang: dass einen was lockt, interessiert, dass man Lust hat.

Wie findet man etwas, das einen lockt?
Hilfreich ist ein Impuls, dem ich nachgehen möchte, und dazu ist es wichtig, ihn zu hören. Man muss dazu wach unterwegs sein und auch mal etwas ausprobieren. Dann bekomme ich vielleicht Impulse, die wieder etwas in Bewegung setzen. Da mischen sich die Motive auch: Das Alte ist vielleicht ausgereizt, und gleichzeitig ist da ein Antrieb, zu lernen. Manche Menschen sehnen sich nach einer Weiterentwicklung, um weiterzuwachsen, zu reifen, aus ihrer Komfortzone herauszugehen.

Sie sagten, dass es gut ist, wenn man spürt, dass Veränderung nötig ist. Tut man das nicht automatisch?
Nein, nicht unbedingt. Wir sind heute mit so vielem beschäftigt. Das ist häufig überfordernd, sodass wir gar nicht mehr

herausfiltern können, was uns in Bewegung setzen könnte. Ein tieferes Interesse fehlt oft. Dazu muss ich erst innehalten und mich fragen: Wo bin ich eigentlich? Was fehlt mir? Was ist meine Sehnsucht? Ich muss mir gönnen, solche unbequemen Fragen zu stellen. Und damit komme ich auch auf die Spur, an welcher Stelle sich vielleicht etwas ändern könnte.

Es macht wirklich vielen Menschen Angst, die Frage zu stellen: Was will ich mit meinem Leben? Da fängt bei manchen schon die Krise an. Ich kann nur alle Leute ermutigen, nach einer Antwort für sich zu suchen. Was könnte ein gutes Ziel sein, wie wird mein Leben fruchtbar?

Wie kann ich herausfinden, wohin ich mit meinem Leben will?

Auf jeden Fall braucht es Räume für so ein Fragen. Viele Menschen profitieren von Ritualen. Durch sie gelingt es auch manchen Fragenden, Antworten zu erspüren. Wir im Kloster nehmen uns zum Beispiel eine Zeit der Stille am Morgen, in der wir uns von der Bibel inspirieren lassen. Abends legen wir den Tag in Gottes Hand zurück: Was war, wofür bin ich dankbar?

Das Andere ist für mich, an dem anzuknüpfen, worüber ich im Alltag stolpere. Wenn mir so etwas begegnet, ist es eine gute Gelegenheit, nochmal tiefer zu spüren: Wenn ich hier unzufrieden bin, was wünsche ich mir denn eigentlich? Was fehlt mir, was müsste sich ändern, damit ich zufrieden sein könnte? Wo müsste ich neu anfangen?

Es ist ja nicht immer so leicht, neu anzufangen – viele von uns fühlen sich gefangen in ihrem Leben. So viele Pflich-

ten, die man nicht loswird. So viel, was gemacht werden muss. Die Kinder müssen betreut, die Miete bezahlt werden. Wie geht man mit dieser Enge um?

Ganz wichtig ist wahrzunehmen, dass es so ist. Dass es mir vielleicht nicht gut geht. Und die Umstände zu akzeptieren. Ich habe zum Beispiel gerade einen zu pflegenden Vater. Es ist so, ob mir das gefällt oder nicht. Das hilft schon mal, um ein Ja zu finden. Und dann kann ich überlegen, was ich im ganz Kleinen konkret verändern kann.

Was können denn schon kleine Veränderungen bewirken?

Es ist hilfreich, den Alltag als gute Möglichkeit zu sehen, dass ich etwas verändern kann. Nicht zu unterschätzen ist, dass ich Entscheidungen selbst treffen kann. Wenn ich etwas gestalten kann – auch im Kleinen –, bin ich nicht so frustriert und brenne nicht so aus. Man kann den Alltag auch als Ort der Gegenwart Gottes schätzen.

Wie kann ich im Alltag die Gegenwart Gottes finden?

Für mich hat das etwas mit Übung zu tun. Ich lebe selbst gerade in einer belasteten Situation durch mein Amt und meinen Vater. Durch regelmäßige Naturmeditation habe ich aber zum Beispiel gelernt, auf Schönes zu achten und es dankbar wahrzunehmen. Wenn ich zu Fuß zum Altenheim gehe, kann ich dadurch aufatmen, mich auf Dinge fokussieren, die ich sehe, und dies auch zum Gebet machen. Ich rechne damit, dass ich nicht alleine bin. Das sind Haltungen, die man in guten Tagen gut üben kann. Wenn dagegen alles schon brennt, klappt das eher nicht. Auch Körperübungen gehören für mich dazu. Leib, Seele und Geist anzusprechen, alles zu nutzen. Wie stehe ich? Kann ich den Boden noch spüren, wenn er mir scheinbar weggleitet?

Wann ist es Zeit zum Festhalten und wann zum Loslassen?
Es ist gut, Zeichen und Andeutungen wahrzunehmen, wenn etwas zerstörerisch ist oder ich vielleicht krank oder traurig werde. Dann sollte ich genau hinsehen, ob ich nicht etwas ändern muss. Wenn Gewalt in der Familie ist, halten Frauen zum Beispiel oft an der Beziehung fest. Manchmal gilt es aber auch, durchzuhalten und nicht gleich aufzugeben. Etwas Falsches durchzuhalten, ist schlecht. Aber schnell aufgeben, weil man denkt, es müsste einfacher sein, finde ich auch nicht gut und therapeutisch nicht richtig. Als Priorin kann ich zum Beispiel auch nicht einfach hinschmeißen und sagen: Wenn es nicht so glattläuft, ist es wohl auch nicht Gottes Plan. Manchmal muss man auch durchhalten. Und ist es nicht auch normal, dass einen der Alltag auch nervt? Manchmal hat man ein Ideal und ist deshalb schon frustriert, wenn die Realität anders aussieht.

Ist unser Anspruch, das eigene Leben müsste besser laufen, überzogen?
Mit einem gewissen Frust muss man umgehen lernen. Die Vorstellung, es müsste doch alles fluffig laufen, kann einem schon viel Kraft ziehen. Es ist wichtig zu unterscheiden: Wo wird es zu einer bedrohlichen Situation? Wo habe ich existenzielle Angst, meine Miete nicht mehr bezahlen zu können? Das ist ein Unterschied zu dem, dass ich mich immer über die hohe Miete aufrege und es gern so hätte wie vor zehn Jahren. Das Allerwichtigste ist: Wie nehme ich gut

wahr, was in mir ist? Welche Gefühle sind damit verbunden? Was gebe ich auf, wenn ich es aufgebe? Schafft mir das wirklich auf Dauer Erleichterung und Hoffnung? Das empfehle ich jedem für sich durchzuspielen, zu prüfen und sich zu überlegen, wie das eigene Leben sich dadurch verändern würde. Das wichtigste Kriterium ist: Wenn ich dauerhaft merke, mein ganzer Mensch gibt Signale oder Zeichen – dann ist es Zeit, entweder etwas bleiben zu lassen oder zu verändern.

Wenn man feststellt: So wie jetzt geht es wirklich gar nicht mehr weiter. Was macht man dann?

Herausfinden, woran es liegt, dass es mir so große Mühe macht. So kann ich merken, wo ich überhaupt ansetzen kann. Wenn man herausgefunden hat, wie der Wagen in den Graben gefahren ist, weiß man zwar noch nicht, wie er herauskommt. Trotzdem hilft es manchmal, darauf zu schauen und dann ins Handeln zu kommen. Ein erster Weg ist immer: Zulassen, dass es schmerzlich und traurig ist. Die Gefühle nicht wegdrücken. Sehnsucht zulassen. Oder auch: Unterstützung holen, auch von außen.

Eine gescheiterte Beziehung, ein unerfüllter Kinderwunsch, ein ersehnter Jobwechsel, aus dem nichts geworden ist: Wie kann man gut mit dem Schmerz umgehen, wenn die Lebenspläne nicht so aufgehen wie erhofft?

Zulassen, erlauben, dass es so ist. Wir müssen nicht von uns erwarten, gut damit umgehen zu können. Es kann helfen, Abschied zu nehmen oder zu trauern, ganz bewusst, vielleicht auch mit einem Ritual. Gut ist es, die Dinge ins Gebet zu nehmen. Und dann auch dankbar zurückzuschauen auf Gutes. Nicht alles ist nur schwierig. Unser Blick ist oft so schwarz oder weiß, es ist entweder gut oder schlecht. Vielleicht finde ich auch etwas dazwischen?

Ich darf außerdem barmherzig sein mit mir und den anderen. Das hat auch etwas mit Versöhnung zu tun. Kann ich mich aussöhnen, und was braucht es dazu? Wenn ich Abschied genommen habe, kann ich weiterschauen, die Zukunft in den Blick nehmen. Mich wieder nach vorne ausrichten. Und wenn mal etwas nicht so gelaufen ist, empfiehlt uns Jesus, den Staub von den Füßen zu schütteln, um weitergehen zu können.

Ist Veränderung ein innerer oder äußerer Schritt, oder braucht es immer beides?

Auf jeden Fall beides. Vielleicht wird eher aus einem inneren Schritt ein äußerer. Es kann aber auch andersherum sein. Da braucht es erst einen äußeren Schritt, ehe der innere Mensch nachkommen kann. Zum Beispiel bei dem heiklen Thema Vergebung. Manchmal bin ich innerlich noch nicht so weit, dass ich das will. Aber ich kann entscheiden, nicht in so einer verbitterten Haltung leben zu wollen. Ich kann mich trotzdem bei meinem Gegenüber entschuldigen, und mein innerer Mensch muss noch nachkommen.

Das Unbekannte macht oft Angst oder zumindest unsicher. Worin ist das begründet?

Man bewegt sich nicht unbedingt so gerne. Die Bibel ist voll von Menschen, die gerne wollten, dass sich etwas ändert, und dann doch Muffensausen bekommen haben. Es ist normal, dass einem das Angst machen kann. Manche brauchen viel Neues und Anregung, und andere sind eher ängstlichere Menschen. Neues löst trotzdem bei den meisten Menschen Unsicherheit, Bedenken oder Sorgen aus, wenn es ums Persönliche geht. Auch da finde ich: Es darf mich auch beunruhigen! Ich muss nicht denken: »Juhu, neue Situation!« Aber vielleicht hilft mir hier die Erfahrung anderer oder Unterstützung von außen. Finde ich irgendwo – zum Beispiel im Glauben – Halt, Kraft und Zuversicht für verunsichernde Situationen? Was stärkt mein Vertrauen in den Gott, der Gedanken der Liebe über uns hat?

Wie wichtig sind neue Anfänge im Leben?
Ich persönlich bräuchte sie von meinem Typ her nicht unbedingt. Und doch war es in meinem Leben immer wieder gut, wenn ich ein bisschen geschubst oder angefragt wurde. Neuanfänge gehören einfach dazu, so wie auch das Leben selbst in einem Rhythmus aus Tag, Nacht, Jahreszeiten und Lebensphasen aufgebaut ist, die ja einfach geschehen. Ich rede nicht so gerne von Neuanfängen. Für mich ist es eher das Bild eines Weges, auf dem es ganz unterschiedliche Dinge gibt. Ich glaube, dass das so angelegt ist im Menschen – dass er immer sehnsüchtig bleibt, auch unruhig, und Veränderung sucht. Das gehört zum Leben dazu.

Kann man denn ganz neu anfangen?
Es ist eine Utopie zu denken, dass wir alles hinter uns lassen und ganz neu anfangen können. Manches nehmen wir einfach mit. Es bleiben auch Narben. Ich arbeite viel mit schwer traumatisierten Menschen. Die sind oft total gefrustet, weil

sie hoffen, dass alles anders, alles neu wird. Es kann aber belastend sein, so zu denken. Es bleiben einfach Dinge, und ich kann trotzdem neu anfangen. Manches muss ich in einer guten Weise mitnehmen.

Und dann ist es natürlich trotzdem nötig, Dinge zurückzulassen, damit ich frei werde, Neues anzufangen, und damit ich unbeschwert weitergehen kann. »Wer seine Hand an den Pflug legt und sieht zurück, der ist nicht geschickt für das Reich Gottes«, steht in der Bibel. Ich kann nicht mit dem Blick nach hinten gleichzeitig etwas nach vorne bringen. Ein weiterer Aspekt: Alles hat seine Zeit. Manchmal hört einfach etwas auf. Und das darf auch aufhören. Ich muss weitergehen. Etwas neu anfangen, mich weiterzuentwickeln, gehört dazu. In der Bibel gibt es viele Weggeschichten, zum Beispiel vom Volk Israel. Das sind ganz tiefe Bilder für Neuanfänge.

Wenn man mal losgegangen ist: Wie geht man dann weiter?
Im Normalfall ist man ja nicht auf dem Weg um des Weges willen. Man fängt auch nicht an, um anzufangen. Man hat damit ein Ziel. Und es ist gut, das Ziel im Auge zu behalten und sich daran auszurichten. Hohe Ideale sind manchmal motivierend, aber wenn ich denke, ich müsste beim Anfangen schon alles können, bin ich schon beim ersten Schritt frustriert. Man muss auch da barmherzig mit sich sein und auf sich achten: Gehe ich zu schnell? Muss ich vielleicht langsamer gehen? Was treibt mich an? Auf Wege kann ich mich vorbereiten, auch auf lange Wanderungen. Ich kann mich vorbereiten, und das wird mir genug geben, dass ich das Potenzial habe, auch mit ungeplanten Ereignissen umzugehen. Dann kann ich darauf vertrauen, dass mir schon etwas einfallen

wird. Wichtig ist immer, dass ich frei werde vom Druck, den ich mir selbst mache oder von außen machen lasse.

Was beschäftigt die Menschen, die zu Ihnen kommen?
Viele sind müde, erschöpft und wirklich orientierungslos, aus der Bahn geworfen. Durch den Krieg in der Ukraine ploppten viele Ängste auf. Zu uns kommen suchende, fragende, zweifelnde Menschen. Manche suchen Orientierung, weil gerade nichts da ist, an dem man sich festhalten kann. Oder sie suchen einen Neuanfang. Es kommen nicht nur, aber auch Menschen, die mit Glauben schon etwas anfangen können. Ihnen geht es auch darum, Gemeinschaft als wesentliches Element des Glaubens zu erfahren. Manche kommen, um etwas auszuprobieren – vielleicht, weil es einen Vertrauensvorschuss für Klöster gibt. Wir sind nicht direkt Kirche und doch ein Ort, von dem man vermutet, dass man etwas von Gott finden kann.

Was finden die Menschen in Selbitz?
Wir wollen Raum bieten, dass Menschen Gott erfahren können, und wir beten, dass das dann auch geschieht. Unser Kloster liegt etwas außerhalb der Stadt. Die meisten Besucher merken schon, wenn sie aussteigen, dass einfach Ruhe ist. Das hat man woanders auch, aber viele spüren, dass hier Menschen leben, die beten und sich intensiv mit Lebensfragen beschäftigen. Die selbst Suchende sind und nicht alle Antworten wissen. Mir ist wichtig, dass wir den ganzen Menschen ansprechen. Es gibt ja auch Leute, die sagen: Jetzt beten wir, und dann ist alles gut. Wir versuchen verschiedene Ebenen einzubeziehen. Und so gehen Menschen immer

wieder gestärkt von hier nach Hause. Oder mit Impulsen, fragend. Aber anders fragend, als sie gekommen sind.

Was können wir vom klösterlichen Leben lernen?
Wir kennen Stress auch im Kloster, aber unser Grundrhythmus lädt von sich aus ein, immer wieder innezuhalten und sich neu auszurichten. Vor allem im Gebet. Das ist ein Zur-Ruhe-Kommen. Wir sind gemeinsam auf dem Weg. Das ist mühsam, aber auch kostbar und hilfreich. Das Kirchenjahr, dem wir nachgehen, empfinde ich als einen heilenden Rhythmus, der ganz viele Lebensthemen aufgreift. Da werden Leid, Schmerz und Tod nicht ausgespart. Diese Themen kommen bei uns im Kirchenjahr vor, genauso wie die Freude. Das hat alles seine gute Ordnung. Ruhen, Arbeiten, Beten, Gemeinschaft, Alleinsein, Muße, Mahlzeiten, Feste feiern: Es spricht alles vom Menschen an. Und das ist in unserer Zeit nicht mehr oft so. Da lebt oft nur ein Teil von uns Menschen, nur eine Seite kommt zum Zug. Das macht uns auch krank. Der klösterliche Rhythmus kann auch außerhalb gelebt werden, wenn ich mir meinen Tag und mein Leben so einteile.

Wie bekommen wir Hoffnung in schwierigen Situationen?
Es braucht eine Kraft von innen und von außen. Die hat man nicht immer. Dann ist die Frage, wie man sie bekommt. Ich kann Hoffnung ja nicht produzieren. Und trotzdem kann ich mich mit Hoffnungsvollem auseinandersetzen. Es ist auch eine Frage, mit wem ich mich umgebe und womit ich mich beschäftige.

Das beeinflusst, wie groß meine Hoffnung ist?

Ich weiß von Menschen, die zu Beginn des Kriegs in der Ukraine von früh bis spät die Nachrichten angeschaut haben. Das macht etwas mit meinem Leben. Ich empfehle nicht, die Realität auszublenden. Aber zu überlegen: Auf was richte ich mich aus? Literatur, das Wort Gottes – das sind für mich Hoffnungsgeber. Menschen, die Hoffnung ausstrahlen, die Wege bewältigt haben, die sich wieder aufrappeln, die mit mir unterwegs sind, das gibt mir Hoffnung. Wenn junge Menschen etwas wollen, macht das Hoffnung für Zukunft. Natürlich gibt mir persönlich Hoffnung, dass ich an einen Gott glaube, der mich meint, der eine Beziehung zu mir möchte, dem ich vertrauen kann. Ich habe die Hoffnung, dass Gott ein Gott ist, der unser Leben möchte. Trotzdem ist Hoffnung auch ein Stück unverfügbar. Es ist auch ein Geschenk, wenn ich ein Mensch bin, der Hoffnung hat. Ich kann nicht alles machen, aber ich kann mich bereithalten.

Grundsätzlich wirkt die Zukunft von Kirche und Klöstern ja eher düster, Stichwort Mitgliederschwund und Nachwuchssorgen. Was ist Ihre Hoffnung für Ihre Gemeinschaft?

Wir nehmen wahr, dass viele Menschen diese Probleme sehen. Oft fragen sie zuerst: Haben Sie Nachwuchs? Als würde alles daran hängen. Ich schaue eher darauf, wo unsere Ressourcen und Stärken sind: Was kann ich damit heute gestalten? Es ist wichtig, nicht starr zu sein oder starr zu denken. Das Ideal von einem Kloster mit hundert jungen Schwestern ist utopisch. Es gibt mir schon Kraft, nicht zu denken, dass es so sein müsste. Es ist noch viel möglich, aber es ist anders möglich. Ich finde es nicht gut zu werten, was früher besser war oder jetzt schlechter ist. Es ist jetzt einfach anders. Wir sind gezwungen, andere Prioritäten zu setzen, neu zu fokussieren. Meine Vision ist, dass wir heute und morgen aus der lebendigen Beziehung mit Gott heraus leben, wach sind und spüren: Was ist jetzt das, was wir können? Was ist die Antwort auf die Herausforderungen dieser Zeit? Wenn die Notwendigkeit zu Veränderungen kommt, ist es gut, wenn wir nicht stehen bleiben, sondern in neuen Lebensphasen oder neuen gesellschaftlichen Situationen fragen: Was ist denn jetzt dran? Daraus kann etwas richtig Gutes wachsen. In mir ist da eine große Hoffnung.

Wenn eine Diagnose
das Leben neu sortiert

Auf was kommt es am Ende wirklich an? Was ist ein gutes Leben? Und was bleibt von uns auf dieser Welt, wenn wir einmal gehen? In der Rushhour des Lebens ist wenig Zeit, sich darüber Gedanken zu machen. Das war auch bei Dr. Christian Bonack viele Jahre so. Der 53-Jährige ist ein Hüne mit Lederjacke, Augenzwinkern und immer einem lockeren Spruch auf den Lippen.

Christian Bonack ist Wirtschaftswissenschaftler, hat im Gesundheitswesen promoviert und einen Großteil seiner Karriere im Finanzbereich eines Automobilunternehmens gearbeitet. Nicht nur dort hat er rangeklotzt, was das Zeug hält. Auch in seiner Freizeit war er ehrenamtlich viel im Einsatz für die Freiwillige Feuerwehr, den Katastrophenschutz und das Deutsche Rote Kreuz. Sieht man genauer hin, bemerkt man auf der linken Seite seines Kopfs eine große Narbe.

Das beste Seminar, an dem ich im Lauf meiner Karriere teilgenommen habe, war eines für Führungskräfte zum Thema »Gesundheit und Führung«. Wir saßen mit zwanzig Leuten in einem Halbkreis, und der Seminarleiter hatte einen Meterstab dabei. Plötzlich brach er ihn bei achtzig Zentimetern ab.

Das war für mich als gelernten Schreiner schon mal hart. »Achtzig. Das ist das, was sich jeder wünscht«, sagte er. »Aber das erreichen nicht alle. Und ob ihr mit 65 noch eine Alpenüberquerung macht, ist mehr als fraglich.« Und dann brach er das Teil von sechzig bis achtzig ab. Er betrachtete den Meterstab von der anderen Seite: »Geboren, aufgewachsen, Schule, Abitur. Das ist vorbei.« Damit brach er auch das Stück von null bis zwanzig ab. Bei dem Stück von zwanzig bis vierzig sagte er: »Ausbildung gemacht, studiert, geheiratet, Kinder bekommen, Haus gebaut, Karriere gemacht.« Auch dieses Stück musste weg: »Ist auch vorbei.« Am Ende hatte er noch das Stück von vierzig bis sechzig in der Hand. »Wenn ich euch hier so anschaue«, meinte er, »seid ihr Mitte vierzig.« Er zeigte auf das, was noch vom Meterstab übrig geblieben war und sagte: »Überlegt euch, was ihr mit eurem Leben machen wollt!« Das saß. 15 Zentimeter. Das war nicht viel.

Ein paar Jahre später hatte ich mit meinem Kiefergelenk Probleme. Es war kurz vor meinem fünfzigsten Geburtstag. Mein Zahnarzt schaute sich alles genau an. Er vermaß alle Zähne und überprüfte, wie sich mein Kiefer schließt und öffnet. Es passte alles. Auch auf dem Röntgenbild war alles in Ordnung. Schließlich schlug er vor, wir könnten sicherheitshalber ein MRT machen. Die Radiologin machte gleich ein Gesamtbild von meinem Kopf – wenn ich schon mal mit dem Kopf in der Röhre liege, meinte sie. Dabei stellte sie fest, dass meine beiden Gehirnhälften ziemlich schief lagen. Am nächsten Tag sollte ich wiederkommen, um ein MRT von einer Zone machen zu können, die sie im Verdacht hatte.

Schon zehn Jahre zuvor war wegen meiner jahrelangen Migräne ein MRT gemacht worden. Damals hatte der Arzt gesagt: »Alles drin, was reingehört, und nix zu viel.« Das weiß ich noch, weil ich den Spruch cool fand. Dieses Mal war aber etwas zu viel drin. Etwas von der Größe eines Hühnereis. Dieses Hühnerei war der Grund dafür, dass sich meine Gehirnhälften verschoben hatten. Mein Neurologe verwies mich weiter ins Uniklinikum. Mit dem Professor für Neurochirurgie dort verstand ich mich auf Anhieb. Wir hatten beide früher in Freiburg und Umgebung gelebt und waren unabhängig voneinander viele Rennstrecken im Schwarzwald abgefahren: er auf dem Rennrad und ich als Motorradfahrer. Das verband uns. In seiner typisch bayerisch-badischen Art sagte er zu mir: »Bonack, dann kommst morgen wieder und wir machen eine Biopsie.«

Weil in dieser Zeit die Abiturprüfungen meines Sohnes Luca anstanden und ich ihn nicht belasten wollte, vereinbarte ich mit meinen Ärzten, die Biopsie auf die Zeit nach seinen Prüfungen zu verschieben.

Für die Biopsie wurde mir dann ein Roboter mit Dornen und Schrauben am Kopf befestigt. Für mich fühlte sich das wie eine Dornenkrone an, die sich in den Knochen drückte. Der Roboter entnahm an zehn Stellen Gewebe. Als ich einige Tage später wiederkommen sollte, um die Diagnose zu besprechen, war Luca dabei. Er hatte mich zum Termin gefahren, weil ich nach der Biopsie nicht mehr ans Steuer sollte. Eigentlich hatte es ihn geärgert, dass ich die Biopsie aus Rücksicht ihm gegenüber verschoben hatte. Er hätte es gern vorher gewusst, meinte er.

An diesem Termin erfuhren wir: Ich habe ein Glioblastom mit WHO-Grad IV. Die bösartigste Form eines Gehirntumors. Für diesen Tumor gibt es keine Heilung. Man redet nur von der Verweildauer. Und das sind durchschnittlich fünf Wochen bis fünfzehn Monate.

Ich habe nie danach gefragt, warum das ausgerechnet mir passiert ist. Aber natürlich wollte ich wissen, von was man so ein Glioblastom bekommen kann. Kann das daher kommen, dass man in der Jugend mal geraucht hat? Oder davon, dass ich bei der Arbeit zwanzig Jahre lang immer das Handy an der Backe hatte? Dass ich zu viel gearbeitet und zu wenig geschlafen habe und mein Hirn dadurch jahrelang nicht so richtig zur Ruhe kam? »Nein«, meinte der Professor, »das kommt von nichts. Das kann man nicht eingrenzen. Und es wird auch nicht vererbt.«

Schon als Schüler hatte ich Nebenjobs, damit ich ins Schwimmbad gehen und am Wochenende mit meinen Freunden feiern konnte. Später arbeitete ich auch noch neben meiner normalen Arbeit. Zum Beispiel fuhr ich nachts LKW. Fünfundzwanzig Jahre lang engagierte ich mich außerdem bei der Freiwilligen Feuerwehr, beim Deutschen Roten Kreuz und beim Katastrophenschutz. Dafür war ich im Jahr bestimmt hundertmal im Einsatz, oft auch nachts.

Und natürlich habe ich auch bei meinem Arbeitgeber, einem Automobilunternehmen, auf verschiedenen Stellen im Finanzbereich immer sehr viel gearbeitet. Hinzu kam noch viel Fahrzeit an verschiedene Standorte. Zum Glück hatte ich oft tolle Fahrgemeinschaften mit Kollegen. Manchmal stieg ich in München ins Auto der Fahrgemeinschaft und schlief gleich nach der ersten Kurve ein. Jahrelang bekam ich kaum mehr als viereinhalb, fünf Stunden Schlaf pro Nacht.

Ich weiß noch, wie meine erste Reaktion nach der Diagnose war: »Also, dann wissen wir das und können jetzt damit umgehen.« Ich ging ganz rational an die Sache heran. Aber natürlich redeten wir anschließend viel darüber. Ich sagte zu Luca: »Weißt du, wie viel ich in der Welt unterwegs war? Schau mal, wie viele tödliche Unfälle im Jahr auf der Autobahn passieren.« Immerhin können wir jetzt vieles planen, besprechen und organisieren.« Aber natürlich war es schmerzhaft für mich. Ich bin ja von Herzen Papa und wollte gern für meine Söhne da sein. Luca war von Anfang an ein absolutes Papa-Kind. Er kam in seinem neunten Lebensjahr zu mir, und wir haben viele Jahre zusammengelebt. Die Jahre, in denen ich ihn und auch seinen Halbbruder Maxl großgezogen habe, haben uns eng miteinander verbunden.

Mir selbst war es im ersten Moment egal, ob ich noch fünf Wochen oder fünfzehn Monate hatte. Ich hatte die Chance, planen, besprechen und organisieren zu können. Und das tat ich auch. Ich fing an, meine Bucket List zu schreiben: »Meine Top 500 To-dos« heißt die Datei. Klotzen, nicht kleckern – so ticke ich einfach. Unter den Punkten war zunächst viel Organisatorisches. Das meiste davon erledigten wir gleich in den ersten Wochen: Wir regelten die Patientenverfügung, Wohnungs- und Versicherungsangelegenheiten, das Testament. Früher hatte ich etwa 25 Ordner voller Dokumente. Ich habe alles strukturiert, digitalisiert und Unnötiges aussortiert. Heute sind noch fünf Ordner geblieben. Ich arbeitete noch einige Monate, um meine Arbeit sauber abgeben zu können, und begann mit Chemotherapie und Bestrahlung.

Parallel kümmerte ich mich um alles, was mit meiner Beerdigung zu tun hatte. Bei meiner Urne wusste ich zum Beispiel sofort, die ist es. Der Bestatter wollte mir noch günstigere Varianten zeigen, aber ich wusste, dass für mich nur diese eine aus Nussbaumholz infrage kam. Es klingt vielleicht merkwürdig, aber ich freue mich heute noch drüber, dass ich meine eigene Beerdigung selbst gestalten und mir alles aussuchen konnte.

Natürlich standen neben den organisatorischen Themen auch Dinge auf meiner Liste, die ich gern noch unternehmen wollte. Allerdings bin ich schon immer ein Verrückter gewesen und habe schon fast alles gemacht, was ich wollte: Eine Zeit lang habe ich jedes Wochenende einen Satz neuer Reifen gebraucht, wenn ich im Schwarzwald gefahren war. In der Mitte hatten sie Neuprofil, aber außen waren sie völlig kaputt. Das passiert eigentlich nur, wenn man von einer Kurve in die nächste fällt. Oder Bungee-Springen: Die kleineren Sprünge habe ich gar nicht mitgezählt, aber fünfmal bin ich bereits hundertdreißig Meter tief gesprungen. Tauchen war auch ein großes Hobby von mir.

Luca und ich sind nach meiner Diagnose noch einmal zusammen getaucht. In einem Indoor-Tauchzentrum, das früher mal eine Sauerkrautfabrik war. Und weil ich so gern einen Ford F150 Pick-up fahren wollte, organisierten meine Söhne das für mich. Wir sind damit zusammen in meine Heimat gefahren. Ich darf ja nicht mehr selbst Auto fahren. Ein paar Dinge gibt es aber, die ich gern noch erleben würde. Eine Sonnenaufgangswanderung zum Beispiel. Oder auf die Aussichtsplattform eines zweihundertfünfzig Meter hohen Aufzugtestturms hochfahren, den ich auf meinen Fahrten von München nach Freiburg entdeckte.

Ein wichtiger Punkt auf meiner Liste war auch, mich von Kollegen und Freunden zu verabschieden. Bei einigen Menschen wollte ich mich noch einmal bewusst dafür bedanken, was sie für mich und für Luca getan haben. Zum Beispiel für die Unterstützung während der Schulferien, wenn ich beruflich unterwegs war oder als ich neben der Arbeit noch promoviert habe. Bei ein, zwei Menschen wollte ich mich auch noch entschuldigen. Nicht allen meinen Bekannten habe ich meine Krankheit detailliert geschildert. Manchen habe ich auch nur gesagt, dass es mir nicht so gut geht.

Für meine Familie habe ich Videos aufgenommen, in denen ich ihre zehn Fragen an mich beantwortet habe. Luca hat mich zum Beispiel nach meinen Zielen gefragt. Er wollte wissen, welche Lebensziele ich in seinem Alter hatte und was mein aktuelles Ziel ist. Beruflich habe ich viel mehr erreicht, als ich mir jemals vorgestellt hatte. Dafür bin ich dankbar. Aber mein größter Wunsch wäre es, meine Jungs aufwachsen zu sehen. Die sind jetzt einfach zu jung. Und natürlich würde ich auch gern noch Enkel erleben.

Interessanterweise hatte ich nach meiner Diagnose kein großes Bedürfnis danach, noch viel zu reisen. Ich war so viel in der Welt. Das lag vielleicht auch an meiner Kindheit und daran, dass wir als Familie oft auf Reisen waren. Mein Vater war kriegsblind, und wenn wir Kinder oder meine Mutter ihm beschrieben, was wir da im Urlaub sahen, war er glücklich. Er wollte nichts anderes. Später war ich für meinen Job oft auf Dienstreisen. Aber ich bin auch privat viel gereist. Luca und ich haben zum Beispiel vor einigen Jahren zusammen meine Patenkinder in Kambodscha besucht und diese Reise mit Tauchen in Thailand kombiniert.

Tatsächlich wäre ich gern noch einmal in die USA geflogen – nach South Carolina, wo ich oft auf Dienstreisen war und gute Beziehungen zu Kollegen aufgebaut hatte. Mein Professor fand einen Flug nach Übersee für mich aber zu riskant, da das Flugzeug auf dieser Route nicht gut zwischenlanden kann, falls etwas sein sollte. Die Kanaren fand er unproblematischer, da die Flugroute über Südfrankreich und Spanien geht und man hauptsächlich über Land fliegt. Ich war dann knapp zwei Jahre nach meiner Diagnose auf Gran Canaria im Urlaub.

Dort hatte ich meine ersten Ausfälle. Das sind Situationen, in denen ich nicht mehr weiß, wo ich herkomme oder hinwill. Bei meinem zweiten Ausfall wollte ich von der Lobby in mein Zimmer gehen. Ich hatte schon gemerkt, dass etwas nicht stimmte, und hielt mich beim Laufen am Treppengeländer fest. Ich weiß noch, dass ich, als ich unten ankam, Türschilder gesehen habe. Als Nächstes wachte ich in meinem Bett auf. Bis heute habe ich keine Ahnung, wer mich dorthin gebracht hat. Oder was dazwischen passiert ist. Ich weiß nichts. Dieser Kontrollverlust ist das Unangenehmste daran. Auch wenn meine Ausfälle bisher glimpflich verlaufen sind, sind sie trotzdem für mich schlimme Erlebnisse.

Weil sich meine Ausfälle häuften, wurden meine Medikamente zunächst etwas höher dosiert. Damit war ich aber relativ schnell am Anschlag. Diese stärkeren Ausfälle kommen zustande, weil im Hirn irgendwann der Platz ausgeht und der Tumor irgendeine Funktion abschaltet. Bei einem weiteren Ausfall in München konnte ich meiner Nachbarin gerade noch sagen, dass es mir nicht gut geht, dann fiel ich vom Esstischstuhl. Sie verabreichte mir mein Notfallmedikament und rief den Notarzt. Ich weiß noch, wie ich mit dem Rettungswagen am Klinikum ankam. Als ich den Schockraum sah, wusste ich: Jetzt ist es gut. Hier bin ich gut aufgehoben. Und dann war ich wieder weg. Als ich wieder ansprechbar war, legte mir mein Professor nahe, wir sollten den Tumor operieren. Warten sei keine Option. Es gäbe eigentlich keine Alternative zur Operation. Und das, obwohl es ursprünglich geheißen hatte, man könne den Tumor nicht operieren, weil er zu diffus verwachsen sei. Grundsätzlich ist auf der linken Seite des Gehirns das Sprachzentrum. Mein Professor erklärte mir vor der Operation, dass das Risiko bestünde, dass ich danach nicht mehr sprechen könne. Meine erste Reaktion war: »Dann schreibe ich halt WhatsApp.« Er meinte aber, weder Verstehen noch Sprechen. Und das ist natürlich schwierig, weil ich ein sehr kommunikativer Mensch bin und mit allen ins Gespräch komme. Ich entschied mich trotz dieses Risikos gemeinsam mit meiner Familie dafür, die Operation am Tag darauf durchführen zu lassen.

Vor der Operation hatte ich keine Angst. Das ist so einfach, wie ich es mir mache. Und das hat auch mit meinem Glauben zu tun. Es gibt in meinem Leben einige Menschen, die mich begleiten und mit mir beten. Einer davon ist Martin. Wir haben uns vor ein paar Jahren bei einem Seminar kennengelernt. Irgendwann hat er mich gefragt, wie ich eigentlich zum Glauben stehe. Damals sagte ich: »Ich bin getauft und konfirmiert. Und an Weihnachten gehe ich in die Kirche.« So, wie es eben klassisch ist. Martin hat das Thema Glaube auf sehr angenehme Weise immer mal wieder angesprochen. Er ist drangeblieben, und wir haben diese Gespräche immer tiefer gelegt. Irgendwann hat er mich gefragt, ob ich mein Leben Gott übergeben hätte. Und ich sagte: »Ja, habe ich.«

Das habe ich getan, weil ich damit zwei Sachen sicher weiß: Das Thema Angst habe ich outgesourct. Und: Wenn es schiefgeht, liegt es nicht in meiner Hand. Beim Fußball verantwortet auch nicht der Spieler das Spiel, sondern der Trainer, weil er die Spieler aufstellt. Wenn Gott sagt, dass es jetzt nicht mehr sein soll, dann hat er das so entschieden. Ich habe mein Leben übergeben, auch mit allen Sünden. Dafür, dass sie mir jetzt abgenommen sind, bin ich sehr dankbar.

Mein Glaube hat sich in den letzten Jahren intensiviert. Das hat zwar schon in den zwei Jahren vor meiner Krankheit angefangen, aber natürlich habe ich jetzt viel mehr Zeit, um nachzudenken und mich intensiv mit anderen Menschen auszutauschen. Ich bin dankbar dafür, dass ich noch so viel Zeit geschenkt bekommen habe und diese wirklich aktiv leben kann. Zu denjenigen Menschen, die mich am engsten begleiten, gehört auch Bernard, ein früherer Arbeitskollege aus den USA. Mit ihm zusammen lese ich alle zwei, drei Wochen per Videocall zusammen in der Bibel. Nebenbei schickt er mir jeden Tag einen Vers aus der Bibel. Diana, eine Freundin von früher, schreibt mir und ermutigt mich täglich. Seit ich ihr gesagt habe, dass ich mich mit dem Lesen manchmal etwas schwertue, spricht sie mir Sprachnachrichten auf. Das macht sie jetzt schon über zwei Jahre lang.

Dieser enge Austausch hat mir in den letzten Jahren sehr geholfen. Ich bin dankbar für die Menschen, die mich begleiten. »Do not fear«, schreibt mir Bernard immer wieder. Es gibt in der Bibel ja viele Stellen, in denen zum Ausdruck kommt, dass wir uns nicht fürchten sollen. Zum Beispiel im Psalm 23 vom Guten Hirten: »Und ob ich schon wanderte im finstern Tal, fürchte ich kein Unglück; denn du bist bei mir, dein Stecken und Stab trösten mich.« Schon meine Oma hatte eine gedengelte Messingplatte mit diesem Psalm neben ihrem Bett hängen. Später hatte meine Mutter das Schild an ihrem Bett. Und jetzt hängt es neben meinem Bett. Heute lasse ich auch andere Menschen an meinem Glauben teilhaben. Dazu gehört zum Beispiel auch eine über achtzigjährige Dame, die ich im Hospiz kennengelernt habe. Sie ist an Krebs erkrankt und weiß, dass ich abends für sie bete. Wir begleiten uns gerade gegenseitig. »Fürchte dich nicht«, schreibe ich ihr. »Schau nach vorne. Gib nicht auf.«

Meine Lebenseinstellung fällt vielen auf. Oft sagen Menschen, dass sie spüren, wie real meine positive Einstellung ist, und dass sie mich dafür bewundern. Mir ist es wichtig, dankbar und zufrieden zu sein. Dankbar bin ich dafür, keine Schmerzen zu haben. Morgens bin ich dankbar dafür, dass ich aufgewacht bin und alleine aufstehen kann. Dass ich auf die Toilette gehen und alleine essen kann. Abends bin ich zufrieden, dass ich einen schönen Tag hatte. Ich freue mich, wenn Freunde kommen und wir um den See spazieren und später beim Italiener etwas zusammen essen. Diese bewusste Wahrnehmung und Dankbarkeit hatte ich früher nicht. Damals habe ich so viel gearbeitet, dass ich keine Zeit dafür hatte. Und ich habe sie mir auch nicht genommen. Jetzt habe ich ja ganz anders Zeit, um nachzudenken, bewusster zu leben und das Thema Dankbarkeit für mich zu vertiefen.

Mein Professor sagte einmal zu mir: »Du kannst essen, was du willst, trinken, was du willst, und machen, worauf du Lust hast. Und lass dir von keinem erzählen, dass das egoistisch wäre. Jetzt ist deine Zeit!« So mache ich das jetzt auch.

Nebenher gehe ich zu meinen Untersuchungen und zur Chemotherapie.

Bestrahlung und Chemotherapie hatten aus meinem Glioblastom tatsächlich gemacht, was sie sollten: Der Tumor wurde kleiner und er schrumpfte auf die Größe einer Dörrpflaume. Leider wurde zwei Jahre nach der ersten Diagnose auf der rechten Seite ein neues Glioblastom festgestellt, wieder in der Größe eines Hühnereis. Auch das wurde mit Bestrahlung und Chemo behandelt.

Man kann ein Gebiet eigentlich nur einmal bestrahlen. Deswegen wird der Tumor auch gleich mit voller Dosis bestrahlt. Mein Arzt hat das mal mit der Autobahn verglichen: Als die Autobahn nach Leipzig neu war, konntest du noch mit Vollgas durchfahren. Und jetzt geht es halt nicht mehr. Da sind schon so viele Schlaglöcher drin, so sieht es im Hirn eben auch aus durchs Bestrahlen.

Jetzt mache ich gerade die dritte Chemotherapie. Danach wird geschaut, was sich getan hat. Ist es stabil geblieben? Besser wird es nicht. Als ich meinen Neurologen das letzte Mal gefragt habe, meinte er: »Sieht gut aus, und ist gut.«

Die Chemotherapie, die ich jetzt gerade mache, ist neu. Bei der alten Chemo bekam ich eine Woche lang jeden Tag das Medikament. Das hat mich ganz schön gequält. Dann hatte ich fünf Wochen zur Regeneration. In der zweiten Woche ging es mir genauso schlecht wie während der Chemo, ab der dritten wurde es etwas besser, in der fünften war wieder alles okay, aber mit der sechsten Woche fing das Ganze wieder von vorne an. Bei der neuen Chemo nehme ich nur einmal zu Beginn sechs Tabletten an einem Tag. Auch eine Übelkeit-Tablette. Aber das hat den Vorteil, dass ich die Beschwerden nur einmal habe und nicht eine ganze Woche wie früher. Diese Zyklen wiederholen sich dann alle sechs Wochen.

Mit der Diagnose kam irgendwann auch das Thema Palliativversorgung auf. Ob es zu Hause zu Ende gehen soll oder im Hospiz. Zu meiner Klinik gehört ein Hospiz, das auch ein ambulantes Palliativsystem anbietet. Früher bekam ich auch Besuche bei mir zu Hause. Irgendwann ging es mir aber so gut, dass ich gesagt habe, dass ich das gerade nicht brauche und es bestimmt andere gibt, die das dringender nötig haben als ich. Mittlerweile nehme ich an einem Hospizprojekt teil, in dem Begleitung und Austausch angeboten werden. Es sind einige Patientinnen und Patienten aus dem Haus dabei und ein Team bestehend aus einem Arzt, Intensivschwestern, Pflegepersonal und freiwilligen Hospizhelfern.

Wenn jemand stirbt, wird ein Stein aus der Isar geholt, bemalt und im Garten des Hospizes zu einem Berg mit Steinen dazugelegt. Wenn irgendwann die Farbe abgewaschen ist, kommt der Stein wieder zurück in die Isar. Ich finde, es ist ein schönes Ritual. Weil es zeigt, dass der Tod nichts Schlimmes ist. Es ist ein ganz normaler Kreislauf. In Bezug aufs Sterben habe ich meinen Professor natürlich gefragt, wie das in meinem Fall ablaufen könnte. Ich habe ja inzwischen schon einige Zusammenbrüche erlebt. Wenn es bei mir auf diese Art ablaufen würde, bekäme ich nichts mit. Damit kann ich gedanklich gut umgehen. Viel belastender wäre für mich die Vorstellung, längere Zeit im Hospiz verbringen zu müssen, ohne ansprechbar zu sein.

Vor einigen Monaten habe ich mit vielen Freunden meine Dreijahresfeier gefeiert. So lange liegt die Diagnose inzwischen zurück. Aus den damals prognostizierten fünf Wochen bis fünfzehn Monaten sind über sechsunddreißig Monate geworden. Das ist mehr als das Doppelte der maximalen Zeit, die mir ursprünglich genannt wurde. Dafür bin ich sehr dankbar. So eng, wie wir auf dem Fest zusammen waren, sind die Freundschaften für mich das ganze Jahr über. Und zwar alle. In den letzten Jahren habe ich festgestellt, wie wichtig die Tiefe und Wahrheit von Freundschaften ist. Sind es echte Freundschaften? Oder trinkt man nur ein paar Mal im Jahr zusammen ein Bier? Bei den über vierzig Freunden, die mit mir gefeiert haben, sind es echte, tiefe Freundschaften.

Ich bin gefragt worden, als was für ein Mensch ich gern in Erinnerung behalten werden möchte. Es ist mir gleich eingefallen: Als ein »Giver«. Das haben meine früheren amerikanischen Kollegen immer wieder von mir gesagt. Ich habe zu einigen von ihnen gesagt, dass ich ihnen nicht zurückgeben kann, was sie für mich getan haben. Ihre Antwort war: »Es gibt nichts, was du uns zurückgeben musst. Das, was wir dir jetzt zurückgeben, hast du in den letzten fünfundzwanzig Jahren für uns getan.« Früher hätte ich mir nie Gedanken darüber gemacht, ob ich ein »Giver« bin oder nicht. Aber dass das mehrere Menschen unabhängig voneinander über mich gesagt haben, berührt mich.

In den letzten drei Jahren habe ich mich von einer anderen Seite kennengelernt. Es bewegt mich, wenn mir ein gestandener Bereichsleiter wegen meiner Geschichte mit Tränen in den Augen gegenübersitzt. So geht es mir auch gegenüber meinen Ärzten, die mich auf so großartige Weise betreut und behandelt haben. Bei meinem Neurologen habe ich mich schon oft bedankt und manche Träne dafür vergossen, wie er in den letzten Jahren für mich da war – auch jenseits seiner Sprechzeiten.

Früher hat mich nichts so leicht emotional berührt. Überhaupt nicht. Klar hat es mich gefreut, dass ich mit meinen Rettungseinsätzen anderen Menschen helfen konnte. Aber es hat mich nicht berührt. Auch wenn ich dabei oft viel Schlimmes gesehen habe. Das Wichtigste, was ich in diesen Situationen tun konnte, war, die Hand der Unfallopfer zu halten und mit ihnen zu sprechen. »Ich bin bei dir. Ich bleibe da. Ich lasse dich nicht los.«

Dass ich jetzt berührbarer bin, ist erst in der letzten Zeit gewachsen. Das kommt wahrscheinlich auch daher, dass Menschen heute mehr und offener mit mir teilen, wie sie mich sehen und wofür sie dankbar sind. Vorher haben wir wohl einfach nicht so offen darüber gesprochen.

Wie hilft uns das Alte fürs Neue?

Vielleicht muss ja gar nicht jeder von uns das Rad neu erfinden. Vielleicht sind die großen Lebensthemen über die Kontinente und Jahrtausende hinweg ja doch irgendwie ähnlich. Und möglicherweise hatte früher schon mal jemand Ideen, wie man all das, was einem das Leben so entgegenschmeißt, gut bewältigt. Es ist jedenfalls einen Versuch wert, zu checken, ob wir aus den Erfahrungen, die Menschen lange vor uns gemacht haben, etwas für heute lernen können. Claudia Häfner ist promovierte Theologin, systemische Supervisorin und eine, die selbst immer wieder neu aufgebrochen ist. Nach Auslandsaufenthalten in Kanada und Argentinien und verschiedenen Stellen als Pfarrerin – unter anderem in einem Unternehmen und an der Technischen Universität München – ist sie bis heute immer auf der Suche nach innovativen Formaten, um Kirche zu den Menschen zu bringen.

Claudia Häfner teilt sich je eine Dekans- und Pfarrstelle im Münchner Westen mit ihrem Mann. Tür an Tür liegen das Pfarrbüro und die Pfarrwohnung, in der die beiden mit ihren vier Kindern im Alter zwischen acht und neunzehn Jahren leben.

Frau Häfner, Sie sind Pfarrerin. Bekommt man bei Gott eine zweite Chance, wenn man etwas verbockt hat?

Gott ist für mich nicht nur ein Gott der zweiten oder dritten Chance. Er ist ein Gott der siebzig mal siebzig mal siebzig Chancen. Er ist ein Gott, der immer wieder mit mir anfängt und aufbricht und mich nicht aufgibt. Ich wüsste gar nicht, wie ich sonst mit ihm leben könnte. Als Menschen haben wir einen Trend zum Fehlermachen. Wir können gar nicht anders, als immer wieder zu versagen oder andere Menschen zu verletzen. Gott ist derjenige, der unendlich viele Chancen gibt und mich nie aufgibt. In der Bibel gibt es dazu viele Geschichten, die versuchen, diese Lebenserfahrung wiederzugeben.

Welches ist Ihre Lieblingsgeschichte aus der Bibel über einen Neuanfang?

Ehrlich gesagt wüsste ich gar nicht, welche Geschichte es in der Bibel gibt, in der es keinen Bruch und damit einen Neuanfang gibt. Die Geschichte von Ruth und Noomi gefällt mir sehr gut. Weil sie durch eine krasse Krise gehen und dadurch sehr stark zusammenfinden. Und weil die Geschichte dann in einer Art Happy End mündet. Es geht gut weiter, trotz des Dunkels, aus dem sie kommen.

Was können wir aus dieser Geschichte für heute lernen?

In dieser Geschichte ist Trauer ein großes Thema. Erst stirbt Noomis Mann, dann sterben ihre beiden Söhne. Einer davon war mit Ruth verheiratet. Ich finde die Geschichte besonders kraftvoll, weil Ruth und Noomi durch etwas hindurchgehen, was wir heute auch noch erleben. Diese tiefe Trauer ist ja auch für die allermeisten von uns ein Thema. Krank werden, sterben – das sind immer noch große Herausforderungen in unserem menschlichen Alltag. Damit fertigzuwerden und neue Kraft zu bekommen und weiterleben zu wollen – das ist ein riesiges Thema. Deswegen finde ich die Geschichte sehr anschlussfähig an unser Alltagsgeschehen. Gleichzeitig geht es auch darum, dass Frauen zueinanderhalten, die zunächst gar nicht miteinander verwandt sind und aus unterschiedlichen Generationen, Ländern und Kulturen kommen. Auch das beschäftigt uns aktuell.

Wie haben die beiden Kraft geschöpft, um durch diese Krise durchzugehen?
Ganz klar aus dem Glauben. Beide Frauen sind sehr unterschiedlich geprägt, gleichzeitig scheint sie Wesentliches miteinander zu verbinden. Das finde ich interessant, weil es darauf hinweist, dass der Glaube eine Kraft ist, die einerseits in einem selbst wächst. Andererseits kann der Glaube meiner Meinung nach nur dann überleben, wenn er mit anderen geteilt wird. Wenn diese Kraft etwas mit mir und meinem Umfeld macht, wenn sie Auswirkungen auf meine Mitmenschen hat. Daraus nährt sich der Glaube.

Gibt es denn auch Negativbeispiele in der Bibel in Bezug auf Aufbrüche?
Aufbrüche sind nicht immer so einfach. Auch das sehen wir in der Bibel. Zum Beispiel beim Gleichnis vom Verlorenen Sohn aus dem Lukas-Evangelium, der sich von seinem Vater sein Erbe ausbezahlen lässt und das Geld verprasst. Als Schweinehirt hungert er so sehr, dass er zum Haus seines Va-

ters zurückkehrt und dort mit offenen Armen empfangen wird. Oder bei Josef, dem Lieblingssohn Jakobs, der von seinen neidischen Brüdern als Sklave nach Ägypten verkauft wird und dort verschiedene Herausforderungen zu bewältigen hat. Diese Geschichte wird über einen langen Zeitraum hinweg erzählt. Das Aufbrechen bzw. Weggehen-Müssen geht über Jahrzehnte, Josef muss sich woanders ein neues Leben aufbauen. Das finde ich interessant, weil es sehr realistisch ist. Eine andere Geschichte erzählt vom Volk Israel, das vierzig Jahre lang durch die Wüste zieht. Auch bei uns geht es manchmal ums Aushalten und Durchhalten für einen sehr langen Zeitraum. Uns kommt das manchmal vor wie eine Ewigkeit. Manche Menschen haben dann auch nicht mehr die Kraft, zu glauben oder zu hoffen.

Was würden Sie einer Person raten, die nicht weiß, wie sie noch glauben und hoffen kann?
Ich bin für dich da. Ich glaube für dich. Ich habe Hoffnung für dich, auch wenn du sie jetzt gerade nicht hast. Und auch wenn du dein Leben am liebsten Gott vor die Füße werfen möchtest. Wahrscheinlich würde ich auch fragen: Was brauchst du, um weiter hoffen zu können? Ich finde es total wichtig, auch Hoffnungslosigkeit zu teilen. In der Bibel gibt es diese wunderschöne Sammlung der Psalmen. Das ist ein kostbarer Schatz, der uns von unseren Vorvätern und Vormüttern mitgegeben wurde. Darin haben die Menschen das, was sie empfunden haben, in Liedern oder Gebeten geteilt, auch Wut, Verzweiflung und Schmerz. Am wenigsten hilfreich ist es wahrscheinlich, das eigene Gedankenkarussell 24/7 für sich weiterdrehen zu lassen und gar nicht in den Austausch zu gehen.

Wenn noch gar kein Glaube da ist, aber eine Sehnsucht danach: Wo fängt man an?

Gemeinschaft und der Austausch mit anderen Menschen über existenzielle Fragen des Lebens sind sehr wichtig. Auch Erlebnisse sind wichtig. Es gibt so viele unterschiedliche Möglichkeiten, Gott zu begegnen. In der Natur, der Musik, der Stille, im Gebet … Jeder hat seine eigene Art, Zwiesprache mit Gott, mit der Quelle des Lebens zu halten. Für mich ist das etwas, das sich durch den ganzen Tag zieht: Morgens, wenn ich aufwache, sage ich Danke dafür, dass ich am Leben bin. Ich bitte um Kraft für den Tag und für alles, was auf mich zukommt. Und am Abend bitte ich um einen guten Abschluss.

Für Sie ist das Gebet ein selbstverständlicher Teil des Tages. Wie kann man beten lernen?

Man kann einfach damit anfangen. Zum Beispiel damit, Danke zu sagen. Oder mit der Bitte um etwas, was einem wichtig ist. Man kann auch fertige Gebete nehmen und lernen, das Vaterunser zu beten. Oder jemand anderen bitten, für einen zu beten. Ich selbst bitte oft andere Menschen darum, für mich zu beten. Entweder ganz konkret für bestimmte Situationen in meinem Leben oder einfach darum, mich in ihr Gebet mit einzuschließen. Ich finde, das ist ein guter Weg, anzufangen. Das geht ganz konkret: Kannst du jetzt hier für mich beten? Und dann gibt es natürlich viele schöne Gebets- oder Losungsbücher oder Apps, die man sich herunterladen kann. Man kann Gebete auch googeln und wird auf verschiedenen Kanälen fündig, wenn man »Beten« eingibt.

Um nochmal auf die biblischen Figuren zurückzukommen: Manche hatten ja nicht wirklich Lust darauf, sich auf eine Veränderung oder ein Abenteuer einzulassen.

Davon gibt es einige. Mose zum Beispiel bekommt den Auftrag von Gott, die Israeliten aus der Sklaverei in Ägypten zu führen, und traut sich das zunächst überhaupt nicht zu. Abraham wird dazu aufgerufen, seine Heimat zu verlassen und in das Land zu ziehen, das Gott ihm zeigen will. Ich weiß nicht, wie begeistert er und seine Frau Sara anfangs davon waren. Oder Maria, die Mutter von Jesus: Sie war sehr jung und völlig überrascht, als sie erfährt, dass sie schwanger wird. Aber sie wächst über sich hinaus und wird als junge Frau ganz groß – und das über gesellschaftliche Widerstände hinweg –, weil sie entdeckt, dass sie diesem Ruf Gottes vertrauen kann. In jedem Fall können wir sehen, dass Themen wie Wachstum, Entwicklung oder Veränderung in der Bibel eine wichtige Rolle spielen. Für mich liegt eine Chance darin zu begreifen, dass ich mich auch in den Dingen, die mir nicht gefallen, weiterentwickeln kann. Dass ich wachsen darf und Gelegenheit habe, mich neu kennenzulernen oder andere Seiten von mir spüren zu dürfen. Manchmal ist es sehr schwer, zu erkennen, dass das mein Weg ist und ich geführt bin. Gerade wenn ich Aufträge oder Aufgaben bekomme, um die ich nicht gebeten habe.

Wir wollen oft kein Risiko oder haben Angst vor dem Scheitern. In welcher Weise regt die Bibel dazu an, etwas zu wagen, auch wenn wir möglicherweise dabei auf die Schnauze fallen?

Für mich ist Jesus das Beispiel schlechthin in Bezug auf angstfreies Leben: Gott schickt seinen Sohn Jesus auf die Erde. Ich vermute, dass Jesus nicht angstfrei war. Gleichzeitig hat er den Dämonen relativ schnell ins Auge geblickt und sich mit ihnen konfrontiert. Ich wüsste nicht, dass Jesus nachhaltig mit seinem Lebensweg hadert. Aber er fragt bei seinem Vater im Himmel nach: Ist es wirklich das, was du mit mir im Sinn hast? Als es dann heißt, Ja, macht er weiter. Jesus geht auf die unterschiedlichsten Menschen an den Grenzen des Lebens zu: Er hatte weniger mit den erfolgreichen Menschen zu tun als mit denen, die in gesellschaftlicher Hinsicht gescheitert waren und deshalb diskriminiert wurden. Und er hatte überhaupt keine Berührungsängste, mit ihnen in Kontakt zu kommen.

Wie ermutigen Sie als Pfarrerin dazu, angstfrei zu leben?
Ein Glaubenssatz von mir ist einer der Jesus zugeordneten Sprüche aus Matthäus 6,34: »Sorgt nicht für morgen, denn der morgige Tag wird für das Seine sorgen. Es ist genug, dass jeder Tag seine eigene Plage hat.« Mir ist es wichtig, sich bewusst zu machen: Mein Leben ist nicht in meiner Hand. Deswegen bleibt mir einerseits nichts anderes, als zu vertrauen, dass es gut gelingt. Und gleichzeitig hat es so eine große Kraft, sich auf die positive Seite des Lebens zu schlagen. Ich will damit nicht sagen, dass man die Hände in den Schoß legen soll. Aber es lohnt sich sehr und macht einen enormen Unterschied, täglich auf das zu sehen, wofür ich dankbar bin. Den Blick ins Licht zu richten. Jesus spricht uns in Johannes 16,33 zu: »In der Welt habt ihr Angst, aber seid getrost, ich habe die Welt überwunden.« Letztlich kann dieser Blick auf

das Licht am Endes Tunnels ja nur Glaube sein. Diese Welt ist unvollkommen. Warum das so ist – dazu gibt es unterschiedliche Sichtweisen. Aber ich finde es wichtig, als Mensch anzunehmen, dass es so ist. Ansonsten besteht die Gefahr, dass wir uns in ein perfektes Leben hineinfantasieren, was nicht erreichbar ist. Zu einem menschlichen Leben gehört immer beides dazu: Höhen und Tiefen, Glücksmomente und Durchhaltezeiten.

Wir sehnen uns ja oft nach einem Happy End. Dass es irgendwie gut wird. Welche Antwort haben Sie als Theologin auf die Frage, ob das geschieht?
Ich bin überzeugt davon, dass alles gut wird. Gleichzeitig sage ich auch: Nicht hier. Auf dieser Erde, in diesem Leben, das ja begrenzt ist, erleben wir immer wieder Glücksmomente. Ich glaube, dass es sich lohnt, sich mit einer guten Entwicklung des eigenen Lebens zu befassen. Zum Beispiel sich mit Menschen zu versöhnen. Oder ausgesöhnt zu sein mit dem eigenen Leben, der eigenen Kindheit oder der eigenen Biografie. Gleichzeitig glaube ich aber nicht, dass mit achtzig oder neunzig Jahren der Moment erreicht ist, an dem irgendwann alles gut ist und ich im ewigen Glück schwebe. Im christlichen Glauben ist das ganz klar in einer anderen Dimension angelegt – nämlich in der Ewigkeit und im Leben mit Gott. Das wird zum Beispiel in der Johannes-Offenbarung und in vielen anderen biblischen Bildern geschildert. Es entspricht ja unserer Vorstellung von Glück, dass alles gut ist: kein Streit, kein Hass, keine Gewalt, keine Ungerechtigkeit. Ich denke, auf dieser Welt ist das nicht zu erreichen. Andersherum glaube ich aber auch, wenn es hier mal für ei-

nen Moment der Fall ist, dann ist das ein Abglanz der Herrlichkeit Gottes auf Erden. Man kann es auch einen »himmlischen Moment« nennen.

Wie kann diese Sicht auf das Leben uns in Bezug auf Neuanfänge und Veränderung helfen?
Für Veränderungen brauchen wir Kraft, Mut und ein gewisses Durchhaltevermögen. Aber auch eine große Gelassenheit, Dinge kommen und gehen zu lassen. Für mich gehört dazu auch, sich selbst nicht so wichtig zu nehmen und eine Perspektive auf das Leben einzunehmen, die etwas Größeres umfasst: Letztlich sind wir nur einen Moment auf dieser Erde, kosten von diesem Leben und sind dann wieder in einer anderen Sphäre geborgen, die unser kleines Leben übersteigt.

Motiviert Sie das eher dazu, das meiste aus dem Leben herauszuholen oder gar nicht alles zu erwarten?
Das könnte in beide Richtungen gehen. Ich persönlich bin sehr aktiv und spüre mich nur, wenn ich lebendig bin. Deswegen würde ich bis zum Schluss täglich von Neuem versuchen, alles herausholen zu wollen. Aus meiner eigenen Erfahrung, mit allen Brüchen, glaube ich, dass beim Thema Neuanfang immer zwei Dinge zusammenkommen müssen: Wenn das Alte drückt und drängt, und die Sehnsucht nach etwas anderem da ist, dann ist die Wahrscheinlichkeit groß, dass sich der Mensch bewegt und ändert. Das öffnet aus meiner Erfahrung die Wege in Neuanfänge.

Vom Aufbrechen und Heimat finden

Kappeln am Ostseefjord Schlei. Es gibt einen Hafen mit Segelbooten und Klappbrücke, eine hübsche Altstadt und viel romantisches Landarzt-Flair. Sara-Manuela Michel wohnt hier in einem über dreihundert Jahre alten Fachwerkhaus. An der Decke befinden sich alte Holzdielen und vom Esszimmerfenster aus blickt man auf den kleinen dörflichen Vorplatz. Eine der Besonderheiten der Wohnung ist die Klöntür. Sara führt sie vor – eine Holztür, bei der sich zum Schnacken zwischen Tür und Angel die obere Hälfte aufklappen lässt. Es ist schön hier. Im Wohnzimmer dominiert Saras riesige Bücherwand. Und die vielen gerahmten Bilder, die früher an der Wohnzimmerwand ihres WG-Hauses hingen, haben hier ihren Platz in verschiedenen Nischen gefunden.

Sara arbeitet als Eventmanagerin für einen juristischen Fachverlag. Sie ist wortgewandt, selbstironisch, schlagfertig und witzig, aber nie oberflächlich. Als Kind und Jugendliche wuchs sie unter anderem in Amerika und in einer ökumenischen Kommunität in einem ehemaligen Zisterzienserinnen-Kloster auf. Vor einem halben Jahr hat ein neues Kapitel ihres Lebens begonnen. Tausend Kilometer entfernt von ihrer Arbeit und ihrem großen Freundeskreis.

Ich wollte schon immer gern am Meer wohnen und habe mir dann vorgestellt, wie ich an einer rauen See dick eingepackt spazieren gehe. In den ersten Wochen und Monaten hier bin ich auch wirklich stundenlang am Meer spazieren gegangen. Dafür habe ich mir extra ordentliche Gummistiefel gekauft, mit denen man auch im Wasser spazieren kann, ohne dass einem die Füße gleich abfrieren – ich kam ja im Januar hierher. Ich liebe den Norden, und das Meer ist einfach mein Ding. Im Sommer nehme ich mir gern ein Buch mit an den Strand. Wobei ich zugeben muss, dass ich da eine klägliche Leserin bin: Meistens komme ich gerade so durchs Vorwort, weil ich die ganze Zeit gucke. Es ist einfach zu schön hier. Manchmal sitze ich mit einem Kaffee auf einem Steg und mache mir Gedanken. Das Schöne hier ist, dass mein Leben viel langsamer geworden ist. Ich bin nicht mehr so eng getaktet und unter Druck, sondern wesentlich entschleunigter. Auch die Menschen hier sind gemütlicher. Es läuft alles ein bisschen langsamer. Dass ich nun tatsächlich meinen Kindheitstraum lebe und am Meer wohne, hat mit meiner Krankheit zu tun.

Vor etwa zehn Jahren bekam ich immer wieder Nasennebenhöhlenentzündungen. Nach fünf Jahren kamen sie häufiger, und es dauerte immer länger, bis sie auskuriert waren. Also ging ich doch mal zum Hals-Nasen-Ohrenarzt. Der HNO ließ eine Computertomografie machen und stellte fest, dass es entzündet aussah. »Das kann man operieren, muss man aber nicht«, meinte er. Ich entschied mich natürlich für »Muss man aber nicht« und machte einfach weiter. Irgendwann merkte ich, dass meine Nasennebenhöhlenentzündungen immer schlimmer wurden und gar nicht mehr richtig verheilten. Ich hatte einen permanenten Druck im Gesicht. Trotzdem dauerte es drei Jahre, bis ich nochmals ein CT machen ließ. Die Verschlechterung war massiv. Man sah auf den Aufnahmen, dass die Luft viel zu wenig zirkulierte, jede Menge entzündete Schleimhaut, in allen sechs Höhlen.

Dieses Mal hieß es, ich käme um eine Operation nicht herum. Allerdings wurde sie wegen Corona um fast ein Jahr verschoben. So ein Notfall war ich dann wohl doch nicht. Bis alle Verwachsungen herausgeschnitten waren, dauerte es vier Stunden. Nach der OP war es kurz besser, aber trotzdem ging der Schmerz auch Wochen danach einfach nicht weg. Irgendwann teilte mir mein Arzt mit, dass die Schleimhäute irreversibel kaputt und die Entzündungen chronisch seien. Für mich war das schon ein Brett. Ich verließ wie im Nebel die Praxis. Dann realisierte ich so richtig, was der Arzt gerade gesagt hatte. Im Auto weinte ich bitterlich und fuhr erst mal zu meiner Schwester. Dieses Gefühl, gesagt zu bekommen: »Das bleibt so. Das geht nicht mehr weg«, während du gerade richtig Schmerzen hast – das war für mich ein Schock.

Meinem Arzt ging es zunächst darum, Schadensbegrenzung zu betreiben. Er verschrieb mir vermehrt Cortison, um die Symptome zu lindern, damit ich ein gangbares Leben habe. Das war zumindest der Plan. Tatsächlich reagierte mein Körper aber außer mit Nebenwirkungen bald nicht mehr auf die Medikamente. Irgendwann waren die Schmerzen so stark, dass ich jeden Tag Ibuprofen nahm. Teilweise waren das 1200 mg täglich, und das über längere Zeit. Als ich zusammen mit einer Freundin einen Roadtrip im Norden von Dänemark machte, stellte ich fest, dass der Druck im Gesicht dort nachließ und es viel angenehmer war zu atmen. Dabei waren wir nur zwei Wochen dort gewesen. Mein erster Gedanke war zunächst, in Zukunft so oft wie möglich Urlaub am Meer zu machen. Aber zurück in München ging es mir schon drei Tage später wieder schlecht. Die Wirkung hat sofort wieder nachgelassen. Ein halbes Jahr später probierte ich noch einmal zwei Wochen in Norddeutschland aus, und wieder ging es mir nach ein paar Tagen deutlich besser. Ich war in der zweiten Woche sogar ein bisschen joggen. In München konnte ich an Sport noch nicht mal denken, weil es pochte und schmerzte, sobald ich mich bewegte.

Danach traf ich die Entscheidung, ans Meer zu ziehen. Damals dachte ich: »Ich probiere das jetzt und plane, hierherzuziehen. Wenn die Türen aufgehen und sich der Weg für mich ebnet, dann soll es sein. Und wenn nicht, muss ich mir eben etwas anderes überlegen.« Die größte Tür war für mich mein Arbeitgeber. Ich arbeite in einem sehr traditionellen Verlag. Es gibt Homeoffice, aber eigentlich wird schon gewünscht, dass man vor Ort ist. Mein Chef war lange gegen Homeoffice, daher wusste ich, dass ich mit ihm jemanden mit meiner Bitte ansprechen muss, der das gar nicht möchte. Es war für mich schon eine Herausforderung zu sagen, dass ich es einfach machen muss für meine Gesundheit. Dass ich will, dass es mir besser geht. Und dass ich gehen werde. Tatsächlich hat mein Vorgesetzter ganz anders reagiert, als ich es erwartet hatte. Er wollte auf gar keinen Fall, dass ich kündige, und leitete in der Chefetage alles Nötige in die Wege. Und so bekam ich einen richtig tollen Zusatzvertrag zu meinem Arbeitsvertrag. Damit war geregelt, dass ich von Norddeutschland aus arbeiten kann. Die erste Hürde war geschafft, und mein Plan war, im Januar umzuziehen, weil das für mich von der Arbeitsauslastung her so am besten passte.

Im November nahm ich mir zwei Wochen Zeit, um irgendwo nördlich des Nord-Ostsee-Kanals eine Wohnung zu finden. In dieser Zeit kam ich bei einer Freundin in Kappeln unter. Damals schrieb ich eine Wunschliste mit allem Möglichen, was diese neue Wohnung idealerweise haben sollte: Es sollte eine Drei-Zimmer-Wohnung sein, nah am Meer und in der Natur. Sie sollte eine Treppe haben, eine Spülmaschine, eine Badewanne und einen Ofen. Nette Nachbarn, einen Garten mit Apfelbaum – und es sollte gemütlich sein. Es war eine ziemlich abstruse Liste. Meine Vorstellung war, ich komme hin, loche das Ding ein und fange direkt danach an, meine Sachen in München zu packen. Aber anscheinend gab es noch viele andere, die dieselbe Idee wie ich gehabt hatten. Jedenfalls fand sich in den zwei Wochen, die ich mir dafür genommen hatte, nichts Geeignetes. Nachdem ich die Zusage von meinem Arbeitgeber bekommen hatte, sollte es an der Wohnung scheitern?

Für mich war das ein Rückschlag und forderte mein Gottvertrauen richtig heraus. Ich hatte ja diesen Weg gemeinsam mit Gott begonnen in der Gewissheit, dass es schon richtig ist. Und dann fuhr ich nach zwei Wochen unverrichteter Dinge wieder nach München zurück. Das war ein emotionaler Tiefpunkt. Im Nachhinein weiß ich, dass ich damals gelernt habe, Vertrauen auch mal auszuhalten. Dass Vertrauen wehtun kann und anstrengend ist und nicht immer so leicht von der Hand geht.

Ich bin normalerweise ein rationaler Mensch, aber in dem Moment war ich mir nicht mehr so sicher, wie ich meine Entscheidung treffen sollte. Ob ich einfach irgendeine Wohnung nehmen sollte oder das, was zwar noch am ehesten meinen Wünschen entsprach, aber einfach viel zu teuer war. Ich wusste, wenn ich jetzt eine falsche Entscheidung treffe, dann muss ich sie selbst ausbaden. In dieser Situation sagte ich zu Gott: »Wenn du dabei bist, musst du es mir schon zeigen. Wenn ich mir eine Wohnung anschaue, soll da ein schöner Apfelbaum stehen. Dann weiß ich, dass es dein Plan ist und dass du es auch gut findest.« Ich weiß schon, dass »Apfelbaum« objektiv gesehen kein Filterkriterium für eine Wohnung ist. Aber ich liebe Äpfel. Und ich finde einfach nichts romantischer, als im Herbst Äpfel zu ernten und Kuchen daraus zu backen. Das ist für mich einfach eines der schönsten Dinge, die es gibt.

Ich bekam auch weiterhin Alerts von diversen Immobilienplattformen. Die hatte ich so eingestellt, dass mir wirklich jeder Ziegen-, Kuh- und Pferdestall in Norddeutschland angezeigt wurde, aus dem man auch nur irgendwie eine Wohnung hätte machen können. Im Dezember ploppte plötzlich eine Anzeige auf mit der Außenansicht eines Hauses in Kappeln und der Information »Drei Zimmer«. Das war's. Keine Fotos, kein Exposé. Ich rief trotzdem ohne zu zögern den Makler an. Der meinte, dass er mit der Anzeige noch gar nicht fertig und die Wohnung schon »echt ein Altbau« sei, und dass er gar nicht wisse, ob es sich für mich lohnen würde, dafür tausend Kilometer hochzufahren. Aber ich hatte eine Freundin, die sich die Wohnung für mich ansehen konnte, und die fand sie ganz muckelig. In der Zwischenzeit nahm der Makler die Anzeige wieder aus dem Portal. Und als das Exposé und die Fotos dann fertig waren, wusste ich, dass die Wohnung nicht nur in mein Budget, sondern auch zu mir passen könnte. Ich warf spontan meine Silvesterpläne um und fuhr nach Kappeln, um mir selbst ein Bild von der Wohnung zu machen.

Als die Vermieterin nach der Besichtigung mit mir in den Garten ging, sah ich schon, dass da ein Baum stand. Aber es war ja Winter, und er hatte keine Blätter. Der Baum war so riesig, dass ich dachte, dass das gar kein Apfelbaum sein kann. Als wir weiter zum Schuppen liefen, meinte sie im Vorbeigehen: »Und das ist übrigens unser Apfelbaum!« Ich stand unter diesem gigantischen Holsteiner Cox, guckte hoch und hatte das Gefühl, Gott zwinkert mir gerade vom Himmel herunter zu. Das war der Moment, in dem ich dachte: »Gott ist auch hier.« Später habe ich festgestellt, dass die Wohnung bis auf die Badewanne alle Punkte meiner absurden Wunschliste erfüllt. Danach ging alles ganz schnell. Ich unterschrieb den Mietvertrag, fuhr nach Hause, packte meine Sachen, und zwei Wochen später zog ich um.

Nachdem alle Umzugshelfer aus München weg waren und ich alleine in Kappeln auspackte, stieß ich schon an meine Grenzen. Ich merkte, dass es Dinge gab, die ich alleine gar nicht stemmen konnte oder wo ich gar nicht weiß, wie das geht. Deckenlampen installieren, zum Beispiel. Da gab es schon Momente, in denen ich frustriert darüber war, an einem Ort zu sein, an dem ich kaum jemanden kannte, den ich mal eben hätte um Hilfe bitten können. Zum Beispiel habe ich einen großen Buffetschrank, den ich aufeinandersetzen musste. Das ist ein riesenschweres Holzteil. Geholfen hat mir dann der Mann, der mir den Internetanschluss gelegt hat. Als er den Buffetschrank sah, meinte er nur: »Komm, das machen wir jetzt kurz. Das kannst du doch nicht allein machen.« Solche Begegnungen gab es immer wieder.

Mir war es wichtig, mir hier ein gemütliches Zuhause zu machen. Um mir hier etwas Schönes aufzubauen, habe ich gespart und lange keinen Urlaub gemacht. Ich wollte es mir so einrichten, dass ich mich wohlfühle. Dazu gehört für mich auch schönes Design. Ich liebe zum Beispiel die Lampen des dänischen Designers Louis Poulsen, und ich hatte es mir so schön vorgestellt, über dem Esstisch eine Lampe von ihm hängen zu haben. Nach meiner Recherche musste ich dann aber feststellen, dass sie leider überhaupt nicht in meinem Umzugsbudget lag. Sie war vielmehr mein Umzugsbudget. Als ich das mit der Lampe zufällig im Gespräch mit meiner Vermieterin erwähnte, stand sie plötzlich auf, verschwand im Schuppen und zog dann eine Louis-Poulsen-Lampe heraus. »Dann nimm doch solange diese«, meinte sie. »Ich brauche sie gerade nicht.«

Schönheit und Kunst – das sind Dinge, die mir guttun. Aber auch Natur. Zeit für Muße. Fürs Schreiben und Lesen. Mir Momente zu schaffen, in denen ich merke, hier bin ich gerade ganz ich. Ich achte jetzt mehr auf mich und auf meine Bedürfnisse. Ich habe gemerkt, dass mir das keiner besser von den Augen abliest als ich selbst. Das erlebe ich hier. Aber natürlich gibt es auch Momente, in denen etwas fehlt oder in denen man das Gefühl hat, dass etwas noch nicht gut ist. Für mich ist es aber eine Entscheidung, die ich treffen kann, und die Frage, worauf ich meinen Fokus lege. Früher zum Beispiel hätten zu meiner Vorstellung, am Meer zu leben, auch Mann und Kinder dazugehört. Das ist jetzt nicht – oder noch nicht – so. Aber das ist auch nicht schlimm. Ich habe mich dafür entschieden, dass es so, wie es ist, sehr gut ist. Und im Moment liegt mein Fokus darauf, viel Zeit zu haben. Viel mehr, als ich je in München hatte: Im Moment habe ich keine Abendtermine und nichts, was ich außer der Arbeit erledigen müsste. Ich fahre den Computer runter und gehe einfach ans Meer. Ich habe Zeit. Das fühlt sich unfassbar gut an.

In den fünfzehn Jahren in München war ich ständig unterwegs, bin mit meinen Freunden feiern gegangen und habe mit unserer Kirchengemeinde tolle Dinge aufgebaut. Das sind Schätze, die mein Leben bereichern und mich auch zu dem gemacht haben, was ich bin. Irgendwann habe ich aber gemerkt, dass ich in den letzten Jahren manchmal auch an mir vorbei gelebt und mich und meine Kapazitäten überfordert habe. Dass ich auch übersättigt und reizüberflutet war. Ich hatte Sehnsucht danach, anzukommen. Vom Typ her bin ich schon ein Landei.

Daher vermisste ich es in der ersten Zeit hier auch gar nicht, ständig in Kontakt mit Menschen zu sein. Es tat mir gut, mehr mit mir selbst in Kontakt zu treten und mich zu fragen, wie und wo meine Heimat ist, und was ich eigentlich will.

Heimat – das bedeutet für mich Geborgenheit, Sicherheit, zu Hause sein. Und es ist etwas, das ich immer mehr in mir selbst suche. Ich habe in meinem Leben gelernt, dass ich das nicht von außen bekomme, sondern mir selbst geben muss und kann, auch im Vertrauen auf Gott. Ich bin in meinem Leben schon zwölfmal umgezogen. Als Kind war ich in drei Kindergärten und vier Schulen. Das fand ich damals anstrengend. Immer wieder neu anzufangen, ist auch nichts, was ich ständig machen möchte. Aber durch die vielen Umzüge habe ich gemerkt, dass Heimat für mich nicht ortsgebunden ist, sondern dass Menschen meine Heimat sind. Deswegen hatte ich mir ja in München auch eine WG in einem schönen Haus aufgebaut, die sich nach einem echten Zuhause angefühlt hat. Und dadurch, dass ich mir Heimat in meinem Leben schon oft aufbauen musste, wusste ich auch für dieses Mal, dass ich so etwas kann.

Daher hat mich auch der Neuanfang nicht so sehr geschreckt. Es ist eher etwas, das ich von Kindheit an lernen musste. Denn dieses »Ich komme zurück in mein Elternhaus« – das kenne ich einfach nicht. In München hatte ich einen großen Freundeskreis mit fantastischen Menschen. Letztendlich sind es aber immer nur eine oder maximal zwei Handvoll Menschen, die mich wirklich begleiten und eine große Rolle in meinem Leben spielen. Diese Freunde sind immer noch da und haben mich auch schon hier besucht. Das sind Freundschaften, die bleiben.

Deswegen ist es mir auch nicht so schwergefallen, an einen Ort zu ziehen, an dem ich außer einer Freundin noch keine Beziehungen habe. Diese Freundin kenne ich seit fünfundzwanzig Jahren, und es ist wirklich schön, sich mit jemandem zu treffen, den man schon so lange kennt. Ansonsten entstehen hier so langsam auch neue Beziehungen. Zum Beispiel mit meiner Nachbarin. Wir treffen uns manchmal zum Schnacken hinten im Garten. Schräg gegenüber wohnt ein Paar mit einem kleinen Kind, die lustigerweise auch ein paar Jahre lang in München gelebt haben – da hatten wir gleich einen Anknüpfungspunkt. Und was meine Kollegen in München angeht, habe ich online immer noch sehr viel Kontakt. Alle wichtigen Besprechungen, die wir haben, laufen über unsere digitale Zusammenarbeits-Plattform. Mit zwei, drei Kolleg*innen habe ich wirklich engen Kontakt. Wir chatten viel hin und her oder sehen uns in Videocalls. Die Kommunikation ist also nicht weniger geworden.

Ich bin gekommen, um zu bleiben. Ich möchte mir hier etwas aufbauen und sesshaft werden. Es kann schon sein, dass sich örtlich irgendwann nochmal etwas bei mir verändern wird. Aber dann hier oben. In diesem neuen Kapitel meines Lebens habe ich viel Schönes entdeckt. Es gab ja schon immer unterschiedliche Kapitel in meinem Leben, die auch größere Einschnitte waren und größere Neuanfänge. Es war schön, dass jetzt wieder einer kam. Gleichzeitig habe ich auch schon schmunzelnd im Wohnzimmer gestanden und gedacht: Eigentlich sieht es hier doch gar nicht so viel anders aus als vorher: Bücherwand ist Bücherwand. Es ist immer etwas, das bleibt wie immer.

Dass die Türen hier so aufgegangen sind – bis hin zu diesem Apfelbaum –, hat mir immer wieder das Gefühl gegeben, nicht alleine zu sein. Selbst in Momenten, in denen es sein könnte, dass ich mich einsam fühle, weiß ich: In diesem Haus ist noch jemand mit mir. Das gibt mir Halt und Sicherheit. Ich habe hier ein neues Bewusstsein für die Präsenz Gottes. Wenn etwas Schönes passiert – so wie dieser Mensch, der mir spontan beim Aufbauen hilft – sehe ich Gottes Lächeln darin. Und ich danke ihm auch viel mehr. Für diese fantastische Gegend, das Meer und die Natur. Hier kann ich Gott als Schöpfer so nahekommen. Früher habe ich ein bisschen geschmunzelt, wenn Menschen das gesagt haben. Ich bin ja eher ein rationaler Mensch, und mein Glaube basiert mehr auf Theologie und Philosophie als auf Begegnungen in der Natur. Aber tatsächlich habe ich das hier auch ein bisschen für mich entdeckt.

Mein Glaube ist hier intensiver und tiefer geworden. Früher habe ich Gott eher in Gemeinschaft mit anderen Christen erlebt. Im Austausch, im gemeinsamen Gebet. Das will ich auch irgendwann wieder haben. Aber dieses Direkte – dass Gott jetzt mein einziges Gegenüber ist –, das ist neu für mich, und mein Glaube ist hier auch so ablenkungsfrei. Von daher kann ich sagen, dass meine Beziehung zu Gott näher und persönlicher geworden ist.

Gesundheitlich geht es mir wirklich wesentlich besser. In den ersten zwei Monaten hätte ich mir gewünscht, dass das noch schneller geht. Nun, nach etwas mehr als einem halben Jahr, merke ich eine deutliche Verbesserung: Ich habe wieder angefangen zu joggen und kann atmen. Ich habe nicht mehr dieses Pochen und diesen Druck im Gesicht und kann auch meine Brille wieder tragen. Mein HNO in München meinte neulich, dass er meine Schleimhäute noch nie so gut gesehen hätte.

Letztendlich war meine Krankheit der Tritt, den ich brauchte, um meinen Traum vom Leben am Meer in die Tat umzusetzen. Ohne die Diagnose hätte ich das wahrscheinlich nicht getan. Die Krankheit hatte schon gedroht, mir das Ruder aus der Hand zu nehmen. Ich habe mich damals entscheiden müssen, wie viel Macht ich der Traurigkeit und dem Schmerz darüber gebe.

»Gesundheit ist das höchste Gut« – mit diesem Satz, den so viele sagen, kann ich nichts anfangen. Für mich ist er falsch. Denn das, was gesund sein muss, ist die Seele. Das, was in mir ist. Die Gesundheit ist nicht etwas, was mein Leben zu sehr bestimmen darf. Ich trage meine Gesundheit mit und entscheide selbst, wie ich dazu stehe.

Ich stelle mir nicht die Frage, was gewesen wäre, wenn ich nicht krank geworden wäre. Oder warum ich diese Krankheit habe. Das ist müßig. Es ist mein Lebensweg, und zu diesem Leben gehört jetzt auch diese Krankheit dazu. Früher habe ich mir vieles nicht erlaubt. Mich über das definiert, was ich leiste. Und ich habe mich auch oft verglichen. Aber, wie meine Schwester mal gesagt hat: Im Wort »Vergleichen« steckt das Wort »Leiche«. Das stimmt. Es ist einfach etwas Toxisches. Heute will ich mehr denn je sehen, wer ich wirklich bin, und zu meinem Kern kommen. Zum Grundgedanken Sara – so, wie Gott mich geschaffen hat. Unabhängig von

Forderungen oder Druck von außen. Ich bin auf dem Weg und wahrscheinlich noch lange nicht da. Aber ich will es üben, und meinem Gegenüber auch zumuten, wer ich wirklich bin. Dabei helfen mir schon die Veränderung und die Zeit, die ich jetzt habe, um mir diese Gedanken zu machen.

Hier oben ist mein Leben wieder gut. Ich lerne daraus, dass ich, egal, in welche Situation ich komme, versuchen möchte, trotzdem ein gutes Leben daraus zu machen. Es geht immer wieder um eine Entscheidung, wie ich dem Leben gegenüberstehe und was für ein Leben ich eigentlich haben möchte. Ich möchte ein Leben führen, in dem ich versuche, zufrieden und glücklich zu sein – egal, wie die Umstände sind.

Wie es ist, der Liebe
eine neue Chance zu geben

Nochmal von vorne anzufangen, ist oft schwer. Noch dazu, wenn man eine traumatische Erfahrung hinter sich hat. Wie kann das überhaupt funktionieren? Augen zu und durch? Lange genug warten, um alles zu vergessen?

Mirjam lässt sich in den Sessel am Fenster fallen. Ihr Mann Micha erzählt noch kurz ein paar News zum gemeinsamen Start-up, drückt Mirjam einen Becher Cappuccino in die Hand und verkrümelt sich dann mit den Kindern in die frisch geputzte Küche. Ein ganz normaler Samstagvormittag – alle fünf haben gerade gemeinsam die Wohnung auf Vordermann gebracht, jetzt ist Zeit für eine Pause. Micha schließt vorsichtig die Tür. Es wird leise im Zimmer, und Mirjam hat Zeit, zu erzählen, wie er Teil ihres Lebens wurde.

An unserem 16. Hochzeitstag nahm Sebastian mir mit letzter Kraft ein Versprechen ab. Er wollte, dass ich bald jemanden kennenlerne und wieder heirate, wenn er sterben sollte. Weil er fand, dass es das Beste für seine Söhne wäre. Ich habe zu ihm gesagt: »Ich will mit dir alt werden und nicht übers Sterben reden.« Meine Antwort hat ihn geärgert. Es koste ihn viel Kraft, das jetzt so zu formulieren, sagte er mir. Daraufhin habe ich es ihm versprochen. Ihm zuliebe. Für mich war das so absurd. Ich habe bis zum letzten Tag an ein Wunder geglaubt. Aber mein Mann Sebastian ist wenige Tage später gestorben, an Krebs, im Frühjahr 2018. Und ich stand mit drei kleinen Kindern da: Philip war vier, Janne sechs, Mathis acht.

Noch im gleichen Jahr habe ich tatsächlich Micha kennengelernt. Es war noch inmitten aller Trauer und allem Schmerz. Ich habe Micha gleich gesagt, dass ich nicht weiß, wie es ist, wenn man eine neue Beziehung anfängt, obwohl man den Ehemann und die Liebe des Lebens noch so vermisst. Und Micha antwortete, er wisse auch nicht, wie es ist, mit einer Witwe zusammenzukommen. Aber wir könnten es ja probieren.

Als Sebastian starb, konnte ich mir nicht vorstellen, für immer allein mit den Jungs zu bleiben. Vielleicht wäre ein Kompromiss gewesen, dass Freundinnen bei mir im Haus mitwohnen. Aber ein Leben lang ohne Beziehung? Mir war schon klar, dass ich wahrscheinlich irgendwann wieder jemanden kennenlernen werde. Das war aber in der Theorie. Ich wusste nicht, was es praktisch heißt, weil Sebastian ja immer noch sehr präsent war.

Micha habe ich über eine Dating-App kennengelernt. Gleich beim ersten Telefonat sagte ich ihm, dass ich drei Kinder habe und es mich nur zu viert gibt. Mich faszinierte total, dass er so offen war und nicht gesagt hat: Huch. Drei Kinder wollte ich nie, und dann sind das noch nicht mal meine eigenen. Er ließ sich einfach darauf ein. Als Micha und ich uns kennenlernten, war ich 42. Micha ist zehn Jahre jünger als ich. Das ist auch gut so, weil er flexibler war und ist als die meisten in meinem Alter, und weil er viel Kraft hat. Meine Kinder haben sehr viel Temperament und Energie – und mir war es wichtig, dass ein neuer Partner damit umgehen kann.

Zuerst trafen wir uns zu zweit und verstanden uns gut. Ich fragte gleich, ob er am nächsten Tag zu uns nach Hause kommen mag. Ich wollte keinen neutralen Boden, sondern gleich wissen, wie er auf die Jungs reagiert und die Jungs auf ihn. Wir sind ein offenes Haus. Da ist es ganz normal, dass immer wieder jemand vorbeikommt. Ich habe ihn natürlich nicht gleich als meinen Freund vorgestellt – das wäre auch viel zu früh gewesen, und davon konnte ja auch noch keine Rede sein. Aber ich wollte einfach, dass die Kinder ihn mal sehen und er die Möglichkeit hat, mit ihnen Zeit zu verbringen. Mir war schon klar: Wenn es nicht funktioniert, muss ich ihn keinen Tag länger kennenlernen. Das wäre Zeitverschwendung. Micha kam also am nächsten Tag zu uns. Er war wahnsinnig aufgeregt. Dabei wusste er noch nicht mal, dass ich auch noch meine Schwester und meinen Schwager eingeladen hatte. Meine Schwester ist sehr wichtig für mich, und ich dachte, wenn er mit ihr nicht klarkommt, ist es auch ein K.-o.-Kriterium.

Ich versuchte, es Micha ein bisschen leichter zu machen, indem ich meinen mittleren Sohn bat, ihm entgegenzulaufen. Die beiden kamen dann zusammen hier an, Micha sagte ganz schüchtern Hallo zu allen. Er schlug sich an dem Abend wacker und verstand sich auch mit meiner Schwester und meinem Schwager gut. Der fragte Micha in alle Richtungen aus.

Es fühlt sich anders an, wenn man mit Anfang vierzig jemanden kennenlernt, als mit Anfang zwanzig. Das Verliebtsein ist anders. Es war natürlich auch anders, weil schon Familie da war, als wir uns kennenlernten. An den gemeinsamen Abenden hatten wir ein ganz kleines Zeitfenster zu zweit. Sonst waren die Jungs immer dabei. Micha musste vier Personen kennenlernen, und wir vier mussten ihn kennenlernen. Und da ist vielleicht nicht die erste Frage: Ist das die Liebe meines Lebens? Sondern: Wie kommen wir als Familie zusammen? Natürlich muss die Liebe auch da sein, sonst ergibt es ja alles keinen Sinn. Aber wie verliebt ich bin, ist nicht in erster Linie wichtig, sondern ob das ein Mensch ist, mit dem ich mir auch vorstellen kann, zusammen alt zu werden, und ob wir den Alltag zusammen gut leben können. Ich glaube, das hat nicht mit dem Tod des Partners zu tun, sondern damit, dass man mit einer bestimmten Lebenserfahrung ein anderes Bild von Beziehung hat. Und auch nicht alles durch eine rosarote Brille sieht, sondern sehr realistisch. Aber die Klammer, die alles zusammenhält, ist bei uns die Liebe.

Dadurch, dass wir immer viel Besuch haben, war es gar nicht so ungewöhnlich, dass Micha plötzlich oft da war. Meine Söhne haben es genossen, dass wieder öfter mal ein Mann da ist und nicht nur meine Freundinnen. Es war sehr schön, dass sie sich einfach kennenlernen konnten. Gleichzeitig war mir bewusst, dass ich mit Kindern schon wissen muss, ob das jetzt eine Beziehung ist oder werden kann, die Zukunft hat.

Mir war klar, dass ich nicht viele verschiedene Beziehungen ausprobieren kann, bis ich sage: Du bist es. Das konnte ich den Jungs nicht zumuten. Sie bauten ja schon eine Beziehung auf. Ich wollte auch nicht ein paar Wochen später sagen müssen: Ups, daraus wurde jetzt doch nichts. Dazu hatten sie schon zu viel Verlust durchgemacht, und ich wollte daher ganz vorsichtig sein. Als es dann so weit war, dass wir uns beide eine Beziehung vorstellen konnten, sagten wir, dass Micha mehr als ein Freund ist und wir uns sehr liebhaben. Für die drei war das okay. Der Mittlere hat aber schon sehr bald gesagt: Du bist nicht unser Papa, du hast uns gar nichts zu sagen.

Zu diesem Zeitpunkt habe ich mich selbst auch gefragt, wie es eigentlich sein kann, dass ich meinen Mann liebe, aber auch jemand Neuen. Es war absurd, das für mich zusammenzubekommen. Ich bin manchmal aufgewacht mit dem Gefühl, Sebastian zu verraten. Ich hatte ihm versprochen, dass wir beide gemeinsam alt werden. Deswegen gab es für mich nie einen anderen Mann. Und jetzt war ich mit einem anderen Mann zusammen und hatte aber immer noch Sebastian in meinem Herz und in meinem Kopf. Das war schon schwierig für mich.

Ich bin darüber mit einer Familientherapeutin ins Gespräch gekommen. Sie sagte: »Wenn ein Kind in eine Familie dazukommt, werden der Kuchen oder die Kuchenstücke nicht kleiner, sondern das Herz wird größer. Es geht nicht darum, Platz abgeben zu müssen. Bei einer Beziehung ist das auch so. Der erste Mann ist gestorben, aber ich muss nicht für einen neuen Mann Platz machen. Der verstorbene Mann und die Liebe zu ihm dürfen bleiben, das Herz wird einfach größer.«

Dieses Bild hat mir und auch den Kindern sehr geholfen. Sie dürfen Micha mögen, ohne dabei die Liebe zu ihrem Vater zu verraten. Das Bild vom weiter werdenden Herzen ist auch kein Entweder-oder, sondern ein Miteinander. Micha hat oft gesagt: »Wir sind zu sechst. Sebastian gehört noch dazu. Sebastian wird immer seinen Platz haben und präsent sein. Weil er dazugehört und schließlich der leibliche Vater der Jungs ist.«

Meine Söhne haben sich Micha gegenüber phasenweise sehr geöffnet, aber dann auch wieder radikal verschlossen. Manchmal waren sie ganz eng miteinander und dann wieder ablehnend. Es war ein Weg, bis sie an dem Punkt waren, Micha ins Herz zu schließen und dankbar für ihn zu sein.

Er tut uns allen gut. Ohne ihn könnte ich alles nicht so gut schaffen. Es ist wunderbar, dass er da ist und uns über alles liebt. Das spürten und spüren die Jungs, und sie lieben Micha inzwischen alle drei.

Als wir uns kennengelernt haben, habe ich noch oft geweint und Sebastian wirklich vermisst. Micha hat das ausgehalten. Manchmal hat er gefragt, ob er meine Schwester anrufen soll oder meine besten Freundinnen, damit sie kommen. Oder er hat gefragt, was mir hilft. Es war nicht leicht für ihn und für mich auch nicht.

Ich habe festgestellt, dass Trauer nicht linear verläuft. Man ist nicht erst sehr traurig und dann immer weniger. Die Trauer kommt in Phasen und natürlich auch zu bestimmten Zeitpunkten. An manchen Tagen ist sie präsenter, zum Beispiel an Sebastians Geburtstag oder am Hochzeitstag. Das sind Tage, die schmerzhaft sind und schmerzhaft bleiben. Der Schmerz selbst verändert sich aber. Dieses heftige Heulen, am Grab stehen oder am Boden sitzen und nicht mehr wissen, wo oben und unten ist – das ist anders geworden. Es ist nicht mehr so heftig, aber das Vermissen bleibt. Man geht von der Trauerarbeit über in Erinnerungsarbeit. Es ist auch noch Arbeit, aber die harte Trauer, bei der man viel weint und den Schmerz ganz intensiv spürt – auch im Körper und in der Seele –, die wird weniger. Aber mein ganzes Leben lang wird eine Narbe davon bleiben, dass Sebastian viel zu bald gestorben ist. Manchmal schmerzt es noch sehr, wenn ich denke: Das erlebt er jetzt nicht mit. Oder: Die Kinder erleben jetzt nicht mit, wie ihr Papa sich gefreut hätte, wenn er noch da wäre.

Auch wenn ich das nicht unbedingt so gefühlt habe: Für mich war schon klar, dass ich nicht nach einem Sebastian 2.0 suchen kann. Das wäre falsch gewesen. Ich wusste auch, dass jemand, den ich kennenlerne, auf jeden Fall anders sein würde als Sebastian. Trotzdem hat mich ein Kommentar meiner Schwägerin verdutzt. Sie sagte, nachdem sie Micha zum ersten Mal getroffen und kennengelernt hatte: »Er passt ja schon in dein Beuteschema.« Ich habe nur gelacht. In ein paar Punkten sind die beiden sich tatsächlich ähnlich. Beide sind Typen, die Sachen anpacken und sich nicht aus der Ruhe bringen lassen. Die fokussiert und mit sehr viel Ausdauer Dinge durchziehen. Und nicht aufgeben, weil es zu anstrengend wird.

Und auch noch eine andere Sache ist ähnlich: Auch mit Micha kann ich Pferde stehlen. Wir können gemeinsam Vollgas geben und groß denken. Und den Traum leben, die Welt ein bisschen zu verändern. Im Moment ist aber fast zu viel Tempo drin. Es ist einfach ein Wahnsinns-Act, als Familie in dieser neuen Konstellation zusammenzukommen. Plus Arbeit, plus Gemeinde, plus Nachbarschaft, plus Start-up-Ideen, plus, plus, plus. Bei uns kommt einfach ganz viel zusammen. Aber das macht uns auch aus. Und es macht uns beiden Spaß.

Wichtig in unserer Beziehung ist auch, dass wir großzügig miteinander umgehen. Wenn ich ehrlich bin, ist Micha noch großzügiger mir gegenüber als umgekehrt. Ich habe tatsächlich manche Vorstellungen und Erwartungen, die nicht immer richtig sind. Aber er gibt mir sehr viel Freiheit und hat Verständnis dafür, wie ich bin. Das tut mir gut. Das brauche ich, damit ich ich selbst sein kann und darf.

Anfangs wussten nur meine engsten Freundinnen von unserer Beziehung, und meine Schwester. Wir wollten erst einmal selbst herausfinden, ob das für uns zu fünft überhaupt funktioniert. Das ist eigentlich sonst nicht meine Art. Aber es ist sehr sensibel, eine Beziehung nach dem Tod des Partners aufzubauen, wenn auch noch die erweiterte Familie da ist. Ich wollte auch meinen Eltern und Schwiegereltern Zeit geben, sich auf Micha einzulassen und ihn kennenlernen zu können, bevor alle anderen davon wissen. Meine Mutter wollte erstmal gar nichts von meiner neuen Beziehung hören. Für sie gab es nur Sebastian. Nachdem sie drei Monate in Australien und Neuseeland bei meinen Geschwistern war, fragte sie mich dann von selbst nach Micha. Und so ähnlich war es auch bei meinen Schwiegereltern. Sie brauchten erst mal Zeit.

Es gab auch mal die eine oder andere Rückmeldung von Leuten, die das viel zu früh fanden. Und die mir vorschreiben wollten, wie man trauert und wann man wieder bereit ist für eine neue Beziehung. Da habe ich widersprochen. Keiner kann das nachvollziehen und keiner weiß, wie es ist. Daher habe ich diesen Stimmen keinen großen Raum gegeben. Ich hatte auch schon ein paar Monate nach Sebastians Tod seinen Kleiderschrank ausgeräumt. Da gab es auch manche, die gesagt haben: Warum trennst du dich jetzt schon von den ganzen Sachen? Für mich war es aber wichtig, weil ich so getrauert habe.

Die, die schon mal etwas Ähnliches miterlebt haben, haben sich eher mit mir gefreut und mich ermutigt. Zum Beispiel der Patenonkel von Sebastian, der selbst Witwer ist und wusste, wie schön es ist, dass ich wieder jemanden kennengelernt habe. Mir war es außerdem wichtig, Feedback von meiner Schwester und meinen engsten Freundinnen zu unserer Beziehung zu bekommen. Und das war sehr positiv und ermutigend.

Am Anfang war mir nicht klar, dass ich Angst habe, mich nochmal auf jemanden einzulassen. Aber irgendwann wurde mir bewusst, dass ich dachte: »Noch eine Krankheit oder einen weiteren Verlust – das packe ich kein zweites Mal. Was ist, wenn es doch nicht funktioniert? Oder wenn es noch einmal so wird wie bei Sebastian?« Die Angst war da. Und sie hat auch beeinflusst, wie ich die Beziehung anfangs gelebt habe. Eines Tages hat eine Freundin zu mir gesagt: »Angst ist ein schlechter Ratgeber. Krieg deine Angst in den Griff!« Das hat mir geholfen. Es hat aber noch Monate gebraucht, bis ich wirklich gesagt habe: »Ich will nicht länger angstgetrieben sein. Und es kann nicht darum gehen, das Risiko zu minimieren, damit die Beziehung berechenbarer wird.«

Einmal hat mein Cousin zu mir gesagt: »Du tust gerade so, als ob du nach dem fehlenden Puzzleteil suchst. Das Puzzle ist fertig, und ein Teil fehlt. Und diesen kleinen Platz gibst du Micha, und er muss genau da reinpassen. Nämlich der Platz, den Sebastian hatte. Wenn du das machst, ist alles schon vorkalkuliert. Und eigentlich kann das ja nur ein Langweiler sein, der diesen Platz ausfüllt. Willst du das?« Natürlich wollte ich auf gar keinen Fall einen Langweiler als Freund. Er meinte: »Dann hör auf, in Puzzleteilen zu denken.«

Ich hätte nie gedacht, dass ich in Puzzleteilen denke. Aber ich dachte schon, dass ich weiß, was gute Beziehungen sind. Ich habe ja eine sehr gute Beziehung gehabt. Ich weiß auch, was eine gute Erziehung ist. Weil Sebastian und ich das sehr gut gepackt hatten. Und ich weiß auch, wie man Freundschaft lebt, weil ich richtig tolle Freundschaften habe. Ich dachte, ich weiß, wie es läuft. Und Micha muss sich da anpassen und einfügen. Und den Bereich ausfüllen, der fehlt.

Aber so läuft es natürlich nicht. Ich dachte immer, ich sei die flexibelste Frau auf der ganzen Welt. Bis ich erkennen musste, dass ich es nicht bin. Das war schmerzhaft für mich. Weil ich mich in dieser ganzen Zeit noch einmal kennengelernt habe. Wie ich bin, und wie ich eigentlich auch gar nicht sein will. Da musste ich noch einmal neu an mir selbst arbeiten. Die größte Arbeit hatte ich eigentlich mit mir selbst und damit, mich noch einmal zu verändern. Bereit zu sein, jemanden in mein Leben hineinzulassen und ihm nicht nur ein Teil von einem Puzzle zu geben. Sondern so, dass sich Sachen auch nochmal neu und anders anordnen können, als es mit Sebastian war. Auch dass Erziehung noch einmal anders funktionieren kann oder auch gut ist, auch wenn Micha das anders macht als Sebastian.

Auf jeden Fall war mir aber eine Sache klar, und da wollte ich keine Kompromisse eingehen: Ich wollte jemanden, mit dem ich zusammen beten kann. Für uns als Familie und auch miteinander. Das habe ich Micha auch gleich am zweiten Tag gesagt, nachdem er die ganze Familie kennengelernt hatte. Er meinte, dass er mir nicht versprechen könne, dass das passiert. Wir sagten, gut, dann lernen wir uns erst mal kennen. Aber ohne gleich eine Beziehung einzugehen. Weil mir das wichtig ist und weil ich mir nicht vorstellen konnte, mit jemandem zusammen zu sein, der mit mir den Glauben nicht teilen kann. Der Glaube ist ja kein Hobby von mir, sondern zieht sich durch mein ganzes Leben hindurch. Und mit jemandem, der dafür kein Verständnis hat, kann ich mir auch keine Beziehung vorstellen. Ich fand Michas Antwort damals sehr ehrlich, dass er es mir nicht versprechen kann. Ich wollte auch nicht, dass er nur mir zuliebe irgendetwas macht. Vielmehr wollte ich ja, dass er selbst daran glaubt, dass es einen Gott gibt, der ihn sieht und ihn liebt und mit dem er eine Beziehung eingehen kann. Dass es etwas Persönliches ist zwischen ihm und Gott und nicht mir zuliebe.

Es hat ein paar Monate gedauert, in denen er auf der Suche war und herausfinden wollte, was es mit dem Glauben auf sich hat. Letztendlich haben ihn vor allem die Jungs davon überzeugt, dass es einen Gott geben muss. Weil er gesehen hat, wie sie ganz natürlich beten und trauern und welche Rolle Gott dabei spielt. Und dass da keine Bitterkeit da ist und kein Hass, kein Zorn, sondern ein tiefer Frieden, dass Gott es gut mit ihnen meint. Das hat Micha überzeugt, und er hat dann ganz zarte, erste Schritte auf Gott zugemacht. Das hat dann dazu geführt, dass er sich taufen lassen hat. Er wollte zu Gott gehören.

Micha sagt oft, dass er so dankbar dafür ist, mit der Gnade Gottes rechnen zu dürfen. Er ist dankbar zu wissen, dass es einen Gott gibt, der uns sieht, uns hilft und unter die Arme greift. Dass wir zusammen beten können. Der Glaube spielt einfach die grundlegendste Rolle in unserem Leben und in unserer Beziehung. Samstagabends zum Beispiel blicken wir zurück auf die vergangene Woche und tragen zusammen, wofür wir dankbar sind. Dann beten wir zusammen. Und wenn wir streiten – was natürlich auch vorkommt –, sollen die Jungs sehen, dass wir uns vergeben. Wir singen auch viele Lobpreis-Lieder als Familie, richtig laut mit Klavier und Trommel. Das machen wir auch, wenn vorher mal ein Streit war. Dann machen wir bewusst nochmal einen Reset und fangen nochmal von vorn an. Gerade wenn man so eine Geschichte erlebt hat wie wir und nochmal einen Neuanfang als Familie hat, ist es umso wichtiger, auch im Kleinen Neuanfänge zu machen. Auch wenn es nicht so läuft, wie man es sich vorgestellt hat. Wir sehen dann, dass zwar manches anders ist, als wir uns das vorgestellt haben, es aber trotzdem ein gesegnetes Leben ist, weil Gott mittendrin ist.

Micha war sich schnell sicher, dass er mit uns leben will. Er wusste, dass er damit ein Risiko eingeht und es ihn auch etwas kostet, aber er hat das in Kauf genommen, weil er sah, was aus dieser Beziehung entstehen kann. Ihm war schon nach ein paar Wochen klar, dass wir seine Familie sind, er uns nicht mehr loslässt und nicht mehr weggeht. Dafür habe ich länger gebraucht. Es war mir wichtig, dass ich nicht Ja zu einer Beziehung sage oder sogar heirate, aber im Herz noch nicht so weit bin. Dass Micha vielleicht nur eine Leere ausfüllt. Sondern dass wir einerseits an dem, was war, anknüpfen können, aber auch gemeinsam etwas Neues anfangen.

Mit den Jungs hatte Micha schon geredet. Sie hatten nur darauf gewartet, zu wissen, dass Micha wirklich bleibt und wir heiraten. Ich konnte dann auch aus ganzem Herzen Ja sagen, als Micha uns gefragt hat, ob wir bereit dazu sind. Er hat nämlich nicht nur mich, sondern auch Mathis, Janne und Philip gefragt, ganz offiziell. Sie haben auch gleich Ja gesagt!

Wir haben nach der Verlobung schon bald standesamtlich geheiratet, sehr spontan. Es war wirklich ein wunderschönes Fest: Es war warm, wir waren am See. Wir hatten einen ganz tollen Tag, der mit einer Party in unserem Garten endete, zu der viele Freunde und Nachbarn vorbeikamen.

Bei der Trauung waren auch Sebastians Mutter und seine Geschwister dabei. Dafür bin ich der Familie Eisele so dankbar: Dass sie Micha wirklich mit offenen Armen aufgenommen haben. Und andersherum auch. Micha hat am Anfang gesagt: Wenn es dir wichtig ist, dass wir jedes Wochenende deine Schwiegereltern und die Familie sehen, dann machen wir das. Wenn es dir wichtig ist, dann ist es mir auch wichtig. Er hat sich auf die Familie eingelassen.

Einer von Michas Trauzeugen ist ein Bruder von Sebastian. Für ihn war das schon ein Schritt, der Trauzeuge des neuen Mannes seiner Schwägerin zu werden. An der Hochzeit sagte er: Mein Bruder ist gestorben, aber ich habe einen neuen Bruder dazubekommen. Als Familiennamen heißen wir immer noch Eisele. Und Micha war bereit, diesen Nachnamen anzunehmen. Er hat noch vor unserer Hochzeit mit Sebastians Familie darüber gesprochen, ob er den Nachnamen als Doppelnamen annehmen darf. Alle haben gesagt: Natürlich! Du bist auch ein Teil von uns. Das hat man an der Hochzeit auch gespürt.

Was uns wichtig ist in unserer Ehe? Zeiten füreinander. Aufeinander zu schauen. Einander zu dienen. Im Alltag übernimmt Micha zu Hause viel, da ich relativ viel arbeite. Auch was die Schule anbelangt, ist er näher dran, als ich es momentan bin. Micha kann außerdem sehr spontan sein. Das hängt aber auch damit zusammen, dass wir sehr den Augenblick schätzen, weil wir wissen, dass es auch anders kommen kann. Früher hätten Sebastian und ich mehr geplant oder wären vielleicht nicht so oft spontan essen gegangen, nur weil es sich gerade gut anfühlt. Das bringt Micha mit rein. Weil er weiß, dass es wichtig ist.

Wenn man sich nochmal auf eine Beziehung einlässt, lernt man nicht nur den Anderen kennen, sondern vor allem sich selbst. Das funktioniert nur, wenn man bereit ist, an sich selbst zu arbeiten und Aspekte der eigenen Persönlichkeit noch einmal anders zu gestalten. Das kann einen natürlich verunsichern und verletzlich machen, weil Dinge auf einmal wegbrechen, die eigentlich eingespielt waren. Man muss bereit sein, nicht gleich die Schuld beim Anderen zu suchen, sondern erst mal bei sich selbst anzufangen.

Für mich war entscheidend zu glauben: Für Gott ist wirklich nichts unmöglich. Und deswegen hilft er mir, wo ich mir selbst Grenzen setze oder Begrenzung erlebe. Gott bringt uns wieder zusammen. Natürlich ist das mit der Geschichte, die wir haben, nicht immer einfach. Ich durfte an mir arbeiten und weitergehen. Ich bin nicht dort stehen geblieben, wo ich einmal war. Sei es die Angst, oder sei es, mich wirklich neu auf die Beziehung eingelassen zu haben. Wenn man einen Menschen kennenlernt, fängt man ja wieder bei Null an. Irgendwie hatte ich vergessen, dass es am Anfang einer Beziehung darum geht, über alles zu reden. Der andere weiß ja nicht, dass du morgens einen Kaffee brauchst oder wie du tickst. Du musst über alles reden. Das ist Kraft- und Zeitaufwand. Aber es lohnt sich. Die Alternative wäre, dass es eben keine Beziehung gibt.

Es ist nie zu spät, an einer Beziehung zu arbeiten und sie weiterzuentwickeln. Es ist auch nie zu spät, Beziehung anzufangen. Aber man muss wissen, dass es einen auch Kraft kosten darf. Das Thema Neuanfang hat auch viel mit Flexibilität im Kopf zu tun: Man kann nicht einen Neuanfang wollen, aber gleichzeitig soll alles so bleiben, wie es ist. Man muss sich darauf einlassen, dass Dinge auch anders kommen und anders kommen dürfen.

Das ist noch nicht das Ende

Es sind die letzten Seiten dieses Buches. Aber es werden neue Geschichten geschrieben, jeden Tag, in jedem Leben, auch in unserem. Die Gespräche für dieses Projekt haben uns dabei vor Augen geführt: Wir können selbst entscheiden, es ist unser Leben. Wir können immer Handelnde sein, wie es Josephine Teske formuliert. Auch wenn Dinge geschehen sind, die wir uns nicht ausgesucht hätten, können wir uns überlegen, wie wir weitermachen wollen. Das Leben passiert uns nicht einfach nur, wir können es gestalten. Und wir können uns dabei fragen: Was würde ich mir denn wünschen? Wie wäre es denn schön, oder zumindest schöner?

Auf dem Cover dieses Buches sind feine Höhenlinien erkennbar, wie auf einer Wanderkarte. In diesem Bild steckt viel von dem, worüber wir in der Arbeit an diesem Buch nachgedacht haben: Wie bei einer Wanderung ist es gut, sich ein Ziel zu überlegen im Leben, und eine Route. Man muss überlegen, ob die Kraft reicht und wie man sie sich einteilt. Manchmal ist eine Pause nötig. Es ist gut, wenn man nicht alleine unterwegs ist.

Und wie bei einem Weg auf einen Gipfel ist das Leben voller Unsicherheit, Geröll und Klippen. Manchmal stolpert und fällt man, und dann steht man hoffentlich wieder auf. Man kann sich verlaufen und muss dann vielleicht umdrehen oder einen anderen Weg gehen als geplant. Ich, Sarina, war vor vielen Jahren in den Apuanischen Alpen der Toskana wandern. Die Berge dort haben schneeweiße Kuppen. Der Marmor, mit dem Michelangelo arbeitete, stammt von dort, und bis heute lebt die Region vom Stein. Der Weg, der auf unserer Karte eigentlich bis zum Gipfel eingezeichnet war, endete an einer steil abfallenden Felswand – einem riesigen Marmorsteinbruch. Den Pfad zur Spitze des Berges, den wir besteigen wollten, gab es gar nicht mehr. Wir mussten umdrehen, und das war erstmal frustrierend. Trotzdem denke ich gerne an diese Tour zurück, weil sie mich so überrascht hat und ich plötzlich vor einer Welt stand, von der ich bisher nichts wusste und die ich nicht erwartet hatte.

Eine Wandergruppe hat uns besonders inspiriert. Die Climbing Cholitas sind eine Seilschaft indigener Frauen in Bolivien. Eine von ihnen, Lidia Huayllas Estrada, kochte jahrelang das Essen für die Bergsteiger am Basislager des 6088 Meter hohen Huayna Potosí. Lange hatte sie dabei zugesehen, wie die Männer mit glänzenden Augen vom Anden-Gipfel zurückkamen. Und immer wieder bekam sie gesagt, dass Frauen nicht auf solche Berge gehören. Mit mehreren Freundinnen zusammen wagte sie es dennoch. In ihrer traditionellen Kleidung, mit weit geschnittenen Röcken, erklommen die Frauen den ersten Sechstausender, und dann noch einen und noch viele weitere. Fünf von ihnen standen sogar auf dem Gipfel des 6961 Meter hohen Aconcagua in Argentinien, dem höchsten Berg Südamerikas.

Einfach machen, und zwar so, wie es zum eigenen Leben passt. Auch wenn es viele Bedenkenträger gibt und vielleicht die Umstände dagegensprechen – darin sind uns die Climbing Cholitas ein Vorbild.

Wir nehmen mit, dass auch schon ein noch so kleiner Neubeginn einen Unterschied machen kann. Super, wenn man Sechstausender erklimmt, eine Hilfsorganisation gründet oder nach Hawaii auswandert. Auch gut, wenn man es schafft, ein neues Instrument zu lernen. Einfach so. Weil es immer noch etwas gibt, das wir erobern oder ausprobieren können.

Bei den großen Veränderungen stellt sich uns manchmal noch die Angst in den Weg. Das Leben ist jetzt, und es ist unberechenbar und oft holprig, aber manchmal findet man mitten im Dunkeln glänzende Perlen.

Manchmal erhält das Leben eine neue Qualität, eine größere Tiefe, wenn man Schmerz erlebt hat und Spannungen aushält. Und oft verändert sich dadurch unsere Perspektive. Wir denken überhaupt nicht, dass Glaube nur wichtig in Krisen ist – aber manchmal öffnet eine Krise auch den Raum, um über grundsätzliche Fragen nachzudenken, über Sinn und Ewigkeit.

Das Leben ist kostbar und gleichzeitig fragil. Wir wollen es nicht mit kleinkarierter Nörgelei verbummeln. Genauso wenig wollen wir irgendwann verbittert darüber sein, dass wir nicht früher etwas verändert haben.

»Wenn wir neue, innovative Dinge ausprobieren, werden wir zuweilen scheitern. Wenn wir Fürsorglichkeit und Engagement riskieren, werden wir auch Enttäuschungen erleben«, schreibt die US-amerikanische Professorin, Sozialforscherin und Bestsellerautorin Brené Brown. »Gelingt es uns, uns behutsam durch diese Erfahrungen hindurchzutasten und die Verantwortung für unseren inneren Kampf zu übernehmen, können wir etwas Großes wagen und unser eigenes mutiges Ende schreiben. Wenn wir unsere Geschichten anerkennen, vermeiden wir es, zu passiven Figuren in den Geschichten anderer zu werden.«

Wenn wir einen neuen Anfang wagen, wird das Leben anders als vorher. Es kostet auch was, wie Klaus Eidenschink sagt: Eine Entscheidung ist nie nur gut oder nur schlecht. Sie bringt immer Konsequenzen mit sich, positive und negative. Diese Erfahrung teilen wir mit Menschen, die schon lange vor uns gelebt haben. Als Mose und die Israeliten vor rund 3000 Jahren aus der Sklaverei in Ägypten fliehen und auf dem Weg ins Gelobte Land einen jahrzehntelangen Umweg durch die Wüste nehmen, ist die Wanderung oft so hart, dass sich die Israeliten zurück nach Ägypten wünschen. In das, was sie doch unbedingt hinter sich lassen wollten. Angesichts der Herausforderungen auf der Reise ins Neue erscheint ihnen die Sklaverei irgendwie doch nicht mehr so unkomfortabel. An diese Erfahrung, dass das Neue nicht immer nur besser und einfacher ist, können wir anknüpfen. Und dass der Vergleich mit dem, was war, meist nichts anderes macht als unglücklich.

Es liegt zudem immer eine Spannung darin, wie viel Altes wir zurücklassen und was wir in eine neue Phase mitnehmen. Wichtig ist, dass wir unser Leben nicht von Wehmut, sondern von Hoffnung bestimmen lassen.

Wir danken unseren Gesprächspartner*innen für ihre Bereitschaft, ihre Geschichte mit uns und mit Ihnen zu teilen.

Geschichten voller Höhen und Tiefen, in denen bei Weitem nicht alles glattlief. Vielen von ihnen ist gemeinsam, dass sie bereit waren, sich dem Unbekannten zu stellen, an ihrem Glauben festzuhalten und ihre eigene Komfortzone zu verlassen. Ihr Horizont ist dabei weit geworden, auch wenn manche Erfahrung vielleicht unbequem oder schmerzlich war.

Wir danken auch den Expert*innen für Ihre Geduld, unsere vielen Fragen zu beantworten und ihr Wissen und ihre Weisheit mit uns zu teilen. Es ist ein großes Glück, dass wir nicht alles selbst herausfinden müssen, sondern Rat suchen und finden können bei anderen, die in diesen Fragen schon ein Stück weiter sind.

In der Bibel steht ein Vers, der uns das Herz leicht macht: »Die Güte des Herrn hat kein Ende, sein Erbarmen hört niemals auf, es ist jeden Morgen neu!« (Klagelieder 3,22) Darin liegt so viel Verheißung und Ermutigung. Es ist noch nicht zu spät, sagt uns dieser Vers. Nach der Nacht kommt immer ein neuer Tag. Es gibt wieder eine Chance. Es kann und darf nochmal etwas Neues anfangen.

Für uns liegt auch in der Erfahrung von einigen Gesprächspartner*innen viel Hoffnung, die gerade im Unbekannten, im Neuland, aber auch in der Einsamkeit ein ganz neues Bewusstsein für die Präsenz Gottes erlebt haben. Wir wünschen Ihnen, dass Sie in diesem Vertrauen Schritte gehen können, die sonst möglicherweise eine Nummer zu groß wären.

Wir hoffen, dass Sie in diesem Buch Inspiration für sich gefunden haben oder zumindest wissen, wie Sie es auf gar keinen Fall haben wollen. Unser Wunsch ist es, dass das

Buch Ihnen Lust darauf gemacht hat, das Leben wieder zu spüren, statt einfach nur zu funktionieren. Dass Sie der Sehnsucht nach Veränderung auf den Grund gehen, gute Entscheidungen treffen und den Mut finden, neu anzufangen. Denn Ihre Geschichte ist noch nicht zu Ende.

Sarina Pfauth & Debora Kuder

Literaturverzeichnis

- Anselm Grün, Quellen innerer Kraft. Erschöpfung vermeiden – positive Energien nutzen. Herder, 2009.
- Antonio Machado, Campos de Castilla. Catedra, 2006.
- Brené Brown, Laufen lernt man nur durch Hinfallen. Wie wir zu echter innerer Stärke finden. Kailash Verlag, 2015.
- Klaus Eidenschink, Die Kunst des Konflikts: Konflikte schüren und beruhigen lernen. Carl-Auer-Verlag, 2023.
- Romano Guardini, Nähe des Herrn. Betrachtungen über Advent, Weihnachten, Jahreswende und Epiphanie. Topos Verlag, 1994.

Viten

Sarina Pfauth hat Kommunikationswissenschaft, Politik und Interkulturelle Kommunikation studiert, bei sueddeutsche.de volontiert und dort als Online-Redakteurin für die Ressorts Politik und Leben gearbeitet. Derzeit arbeitet sie freiberuflich als Journalistin und Autorin. Ehrenamtlich engagiert sie sich im Vorstand des CVJM München und in dem genossenschaftlichen Wohnprojekt, in dem sie mit ihrem Mann und ihren drei Töchtern lebt.

Debora Kuder hat Kommunikationswissenschaft, Japanologie und Sinologie studiert. Nachdem sie im Europabüro eines US-Bundesstaats tätig war, arbeitet sie derzeit als Referentin im Hochschulbereich und schreibt als freie Journalistin für verschiedene Zeitschriften. Sie ist Gründungs- und Leitungsmitglied der Citychurch München und lebt mit ihrem Mann und ihren beiden Töchtern in München.

Bereits erschienen: »Das hatte ich so nicht bestellt. Was wir aus Erfahrungen gelernt haben, die wir nie machen wollten«, SCM Hänssler, 2022.

Der Verlag weist ausdrücklich darauf hin, dass im Text enthaltene externe Links vom Verlag nur bis zum Zeitpunkt der Buchveröffentlichung eingesehen werden konnten. Auf spätere Veränderungen hat der Verlag keinerlei Einfluss. Eine Haftung des Verlags ist daher ausgeschlossen.

Besuchen Sie uns im Internet:
www.bene-verlag.de

Originalausgabe März 2024
© 2024 bene! Verlag
Ein Imprint der Verlagsgruppe Droemer Knaur GmbH & Co. KG, München.
Alle Rechte vorbehalten. Das Werk darf – auch teilweise – nur mit Genehmigung des Verlags wiedergegeben werden.
Die Nutzung unserer Werke für Texte und Data Mining im Sinne von § 44b UrhG behalten wir uns explizit vor.
Lektorat: Stefanie Ramsperger, Stefan Wiesner
Covergestaltung: Maike Michel
Coverabbildung, S. 3/4: andin/stock.adobe.com
Druck und Bindung: CPI books GmbH, Leck
ISBN 978-3-96340-274-6

5 4 3 2 1